저 고지에 늙어 가는 휴전선

제48차 기획시선 공모당선 시집

저 고지에 늙어 가는 휴전선

시산맥 기획시선 168

초판 1쇄 인쇄 | 2025년 12월 10일
초판 1쇄 발행 | 2025년 12월 15일

지은이 황영훈
펴낸이 문정영
펴낸곳 시산맥사
편집주간 김필영
편집위원 최연수 박민서
등록번호 제300-2013-12호
등록일자 2009년 4월 15일
주소 03131 서울특별시 종로구 율곡로 6길 36. 월드오피스텔 1102호
전화 02-764-8722, 010-8894-8722
전자우편 poemmtss@naver.com
시산맥카페 http://cafe.daum.net/poemmtss

ISBN 979-11-6243-657-8 (03810) 종이책
ISBN 979-11-6243-658-5 (05810) 전자책

값 12,000원

* 이 책은 전부 또는 일부 내용을 재사용하려면 반드시 저작권자와 시산맥사의 동의를 받아야 합니다.
* 이 책은 교보문고와 연계하여 전자북으로 발간되었습니다.
* 본문 페이지에서 한 연이 첫 번째 행에서 시작될 때에는 〈 표기를 합니다.
* 저자의 의도에 따라 작품의 보조 동사와 합성 명사는 띄어쓰기가 달라질 수 있습니다.

저 고지에 늙어 가는 휴전선

황영훈 시집

| 시인의 말 |

   두 개의 평행선 팽팽하게 분단의 거리만큼 아득히 보이지 않는 끝.
   무엇을 위해 오늘도 잠들지 못하는 청춘들이 밤낮을 마주하며 구절초 같은 눈시울을 적시고 있는지….
   강보에 싸였던 전쟁이 칠순을 지나 주름이 깊어 가는데 저 얼굴의 어둠은 흑요석 단단히 검붉게 물들어 있지만 조금만, 아주 조금만이라도 우리의 따뜻한 문화가 저 어둠에 가 닿을 수 있다면 곧 부서질 것 같은 경계 아니든가?
   고양이 목에 방울을 달 듯 눈물 맺힌 저 어둠에 자유의 빛을 매달 수 있다면 생기 잃은 청춘들의 죽은 눈빛에서도 살구꽃 피듯 그 얼굴에 미소가 살아날 수 있을 텐데
   오늘도 저 누더기 휴전선 깁다가 찔려버린 가슴의 핏방울을 보면 저려온다.
   청춘을 불태워 눈물로 마시는 이 늙어가는 언어 휴전선, 저 너머 욕망의 붉은색에 눌린 헐벗은 산하를 어떻게 하여야 새 언어의 싹을 틔워줄 수 있을까?

신암 황영훈
휴전선을 돌아보며

■ 차례

서시   15

1부

서부전선 -전선비가   18
격렬비열도 -지탱의 끝   20
백령도 -지척이 구만리   22
대청도 -이러한 순간들이   25
소청도 -비몽   27
연평도 -햇볕을 쏘다   30
강화평화전망대 -개펄길   33
한강 비무장지대 -시 한 편 걸어놓으면   35
오두산통일전망대 -아픈 것아   37
개성전투 -모르지 않는 얼굴이   40
장단역 -광란의 잔해   42
죽음의 다리 -저 영혼의 푸른 불꽃   45
연약하기 그지없는 그대에게로   47
제3땅굴 -광토마 호흡   50
대성동 자유마을 -칼끝 위의 하루   53
판문점 -위험한 뚜껑   55
팔일팔도끼만행사건 -비열한 영광   57
K 파르티잔   60
호로고루성 -추억은 유적처럼   65
경순왕릉 -왕의 사랑   67
제1땅굴 -복잡한 통증   70

2부

중부전선 -그 후 ... 74
DMZ -저 푸른 ... 76
철원평야 -그 유월을 건너 ... 79
녹슨 철모 -저 안의 깊이 ... 81
월정리역 -죄 많은 욕심이 ... 83
철의 삼각지 -거룩한 곳 ... 85
백마고지 전투 -포탄이 표백제처럼 ... 88
고 김일용 이등중사, 편귀만 하사 유해 발굴 -군인의 귀환 ... 91
화살머리고지 -너로 가득한 절정 ... 94
아이스크림고지 -침묵의 넋 ... 97
한탄강 -들끓는 기운 ... 101
노동당사 -매운 연기처럼 ... 103
태봉국 성터 -뚝 숨이 끊길 듯 ... 106
제2땅굴 -사나운 길 ... 108
지뢰 밭 -역설 ... 111
승리전망대 -꽃씨를 뿌려요 ... 113
금강산철교 -애끓는 그리움 ... 117
승일교 -잊을 수 없는 ... 120
금강산 철길 -녹슨 그리움 ... 123
구 철원 제일교회 -그 사랑 한없이 ... 127
평화의 땜 -텅 빈 안보 ... 130
비목 앞에서 -더 기우는 슬픔 ... 132

3부

동부전선 -고지전	138
김일성고지 -근심의 꼭지	140
제4땅굴 -또 그렇게	143
단장의 능선 -아찔한 순정	146
도솔산 전투 -해병의 전설	149
펀치볼 -바람 앞에 앉아	152
건봉사 -폐허도 수행인 듯	155
수동면 -찢어진 고향	157
월비산 전투 -앞뒤 없는 전장	159
철책선 -출가의 벽	161
고성통일전망대 -통일놀이	164
동해 -유구한 나라	169
독도	173

■ 해설 _ 남과 북의 간절한 소망을 햇살에 담아서　175
　 문정영(시인)

서시

만월 같던 대륙에 퍼줄 것 다 퍼내고
맑은 맘 한없이 해 뜨는 쪽에 경전을 둔 듯
청량한 숨소리 묻어두고 내려온 역사
어두워질 수 없는 희디흰 배달倍達 줄기차게
하늘과 잇닿아 청명한 꿈 꿀 때도
영광은 고난의 길에서 태어나는지
하늘 뜻 그리움 억만년
태생을 저 높은 곳에 두어
하늘 우러러
한 점 순백도 잊지 않으려
홍익을 노래하며 이어온 오늘
지나간 꿈들이 다 지독하여도
꺾이지 않는 인내
하늘만큼 푸르러 빛나
청량한 숨소리 다 아득히 별이 되었다 해도
그 소리 영영 지우지 않을
우리의 순백 하얗게 깜박, 반만년이다

1부

서해,
붉은 상처가 저녁노을처럼 번지는
이 하염없는 한이
비상구 하나 없는
저 깜깜한 동네 눈앞에 두고
붉은 밤과 하얀 낮을 이념으로 갈라놓은
저 먼데 허전한 칠십 년
그사이 솟구치는 서러움 칼날처럼 서늘하여
우리 만남 언제까지 무기만 쥐고 있어야 하나

서부전선 -전선비가

철벅이는 물소리 아득히, 고래의 신음 같은 슬픈 탄식이
무궁화 꽃잎 한 장에도 애린 맘 젖어있는지
애절한 피처럼 붉어있어서
윤슬 이는 아침 바다, 출렁이는 파도를 헤쳐
물결 부딪는 바위에서 한 권의 역사를 끄집어내본다
이야기는 늘 들끓는 소용돌이
그리움은 저 멀리 파도에 이는 물거품처럼 잡을 수도 없고
상한 역사는 푸른 칼날처럼 늘 서늘하기만 하여
서해의 긴장은 일렁이는 울음의 뿌리여서
만월 가득한 눈빛을 어디에 둘지
세상에 단 하나 매서운 분단이 걸려
절해고도 같은 이 한 바다
더 내려갈 데도 없을 간절한 숨결이
행복해야 할 미래가 새까맣게 탔어도
어둠보다 더 캄캄한 심연에서 슬그머니
우리는 우리의 위대함을 건져 올릴 거다
서해 일출처럼 좀 늦을 뿐
온 바다 은빛 찬란해 질 그 날, 그 한 덩어리

두고 온 대륙까지 끌어올릴 꿈에
기도는 멈춤이 없고

어둠을 꽉 문, 저 고독한 태양이 한반도 무덤의 각도를
측량해도
그 광기 꾹꾹 눌러 이 바다 찢어지지 않도록
젊은 숨결들 내내
이 바다 비가를 가슴에 얹어놓은 채
음흉한 수뢰가 깔려있어도
슬픔이 물들지 않도록 한 치의 오류도 없이
이 장엄한 바다, 물려받은 그대로 우리의 순백을 지킬

격렬비열도 -지탱의 끝

아득한 서쪽이 격렬하게
그 속 얼마큼 시달렸는지 물빛마저 누렇게
북녘을 보며, 서녘을 보며, 더 깊이 잠겨드는 고독 좌
떠나고 잃어버린 것들만 몰려오고 부딪쳐 깎아지른 절벽
절절히
철썩이는 물소리 따라 우리의 눈물이 바닷물처럼 일렁이며
고요 속에 들리는 산둥반도 그 너머를 호령했던 치우의 소리
그 영광 가득 물고 이 바다까지 스며든 잃어버린 산통이 명치에 아려
섬은 여전히 풍랑처럼 끓어오르다가 식어져도 격렬하다
바람이 쉬면 면경 같은 수면 잠시
잊을 수 없는 고토 저 멀리, 어제의 시간이 격랑 쳐
파도와 싸우던 암벽마다 묵은 얼룩이 누렇게 빛이 바래어도
서쪽에 달뜨면 광활한 정취에 젖어, 두고 온 대륙에 뚜벅뚜벅
걸어 갔다 오지만

이제는 북녘을 향한 눈빛이 더 격렬하여
맨주먹 혈투로 칼새가 겨우 지켜낸 섬, 이 한 바다 평생토록
청춘의 불 끝까지
격렬비열도, 최서단 지탱의 끝
그 힘으로 눈물을 닦으며
지키고 지켜 싹 틔울 파릇한 새싹

소원을 이루고 싶은 격렬함이
서해 뒷골목에서도 견디기 어려운 알몸을 깊게 가라앉혔다가
건져내며
삼백예순다섯 날 쉼 없이 출렁이는 맑은소리 층층 쌓아
바람 날개에 마음을 얹어 다 삭이다가
온몸이 애타도록 홀로 국토의 서쪽에 똬리를 틀었으니
한사코 동해와 함께 꿈꾸는 영유권 지킴이 격렬하게
아픔 저 멀리서도, 서로 위무하며
반만년 염원의 온도를 시린 바다처럼 조절할 거다

백령도 −지척이 구만리

가까운 듯 멀리, 피안을 찾았는데
어느덧 깨져버린 익숙한 얼굴들 저만치
두고 온 등불을 다시 켤 수 있을까?

짠내보다 더 깊은 한숨이 인당수 휘돌아도
끝 섬은 더 갈 데도 없는 오늘이 고등어자반처럼 발라져
근심덩어리 같은 밥알에 두고 온 체온을 담고

지척이 구만리, 사는 게 뭔지 입가에 맴도는 고향은
원래도 훌쩍 건너뛰면
열무 새싹 같은 혈육들 어디 있을 텐데

함께 잠들어본 지도 가물가물, 섬돌에 나부끼던 기억은
백열등처럼 밝기만 하여
그렇게 사는 거였는데

곧 무너질 것 같은 경계는 굵은소금 알같이 단단하여
금 그어 지킨 것이 저토록 캄캄한 근심으로 공허할 줄이야

주린 배에 밥 한번 먹자 해도 섣달그믐보다 더 깊은
저 흑암은

붉은 용, 외줄타기
누르는 압력 얼마나 매서운지 인당수 용왕마저
묵묵, 잠재워버린 적막 칠십 년이다

닫힌 문고리는 위협적 무례함에
옛정은 사라지고 등 돌리자 허기만 쏟아진 고향

나만 배불러 미안한 어부의 손길엔
콩돌이 다 매끈하도록, 온몸 비비던 체온 얼마나 아쉬운지
기다림의 목줄 길게, 체온만 아련해

목이 조이는 꿈속인지
무사하지 않은 저 세월 포기할 수 없어
기다림의 흰 날개 펄럭이며 안녕을 빌어보지만

문 닫혀, 속 끓이는 저 멀어진 혈육의 길 애타게
명치에 걸린 슬픔만 돌돌 말려있어
이름조차 부를 수 없는 붉은색 저 험한 기울기 너무 가팔라

조절할 수 없는 몸살에 갈 길 더 멀어져 있으나
저 먼 길 언제쯤 핏기 돌아갈 구구절절 되돌려
지난 어제처럼 살붙이 언어로 다정할 수 있을까

대청도 -이러한 순간들이

황금 같은 하루를 바다가 내주기에
해 뜨면 또 희망의 등 달아보는데
거기까지만 경고해도 파도처럼 밀고 오는 무력시위
오늘도,
머리맡에 걸어둔 약속을 되뇌며 총구가 어떻게 말할지
이 바다 지키는 눈동자는 겨레의 흰빛과 침략의 붉은빛
잠시도 놓칠 수 없는 양가감정 팽팽하게
싸우지 않고 이기기 위해
찜통 속 뜨거운 김 무럭무럭 해무처럼 덮고 나면
참수리 엔진에선 어부의 근육이 솟아나고
서해 저 아래 불붙는 혈기 불끈

먼저 걸어갔던 아버지의 팽팽한 잠이
저렇게 검푸른 바다에 지금도 한 소절씩
홀로, 사무친 울음을 달래보는데

흑암으로 꽉 찬 바다를
비운으로 꽉 찬 저 밤바다를

슬픔이 사라질 때까지
온몸 통과하는 누천년 흰빛의 지문을 정밀하게 새기며
이 넓은 바다를 누비고
무모함을 넘어 맹목이 넘실대는 저 붉은 궤적의 비린내를
연둣빛 두근거리는 한마음으로
이 한 바다 먹빛 속에서도 빈틈없이 지키리라
다짐하는 순간순간들이 모여 우리를 살게 하나니
지키는 모든 순간들이여
감정이 다른 저 붉은 마법은 곧 사라질 악몽의 끝으로
슬픔의 각도처럼 빗나가 저 눈물바다에 익사할지니
이러한 순간들이 모여 익어지면
여태껏 앓아온 몸살들 훌훌 털려, '와' 쏟아질 바다
그 울음 터져 이어질 이 겨레의 슬픈 전율이여

소청도 -비몽

백 년쯤은 너끈히 고았을 그리움의 넋
가슴을 쪼개면 묻어둔 말들이 등댓불 섬광 따라
시린 난바다 수면 깊숙이 대장장이 망치로 가슴을 치는데
섬 언저리 포말 이는 건
위령탑에 매달린 혼들의 허기가
분바위, 흰 속살까지 자존의 탯줄을 자르듯
골수까지 쩡쩡 울릴, 정으로 깎아 뭉갠 듯
일제가 누른 가난에 저항도 못 한 비굴이
멍든 가슴에 지울 수 없는 실금을 그어
배고픈 무지에 폭사한 이웃의 펄떡임을 기억하기에
그 기도가 푸른 물결 입구까지
파르르 떨고 있을 그 심장들, 다 위령탑에 올려봤지만
임들의 평안이 어느 천국에 가득할지
빈 노래만 부르다가 산화한 임들에게 이제는 전해줄 수 있는 위로
어둡고 쓸쓸하고 춥고 배고팠던 당신의 그때,
그 가난
이제 저 멀리 구천에 사라지고

피명으로 막막했던 그리움의 넋들
월띠 같은 찬란함으로 임들의 천국 어디쯤에서
동백꽃 피어나듯 따사롭게 피었겠으나

폭사를 무릅썼던 그 지난 가난이
먼 바다 전설처럼 사라져 버렸는데도
아직도 주린 울음을 물고 있는 가난
저 너머, 지상낙원엔 고삿고샅 째려보고 있어
우린, 아프다
겪어 봤기에 더 아프지만
분바위 넘치는 막강한 빛이 날마다 따스한 쪽으로 기울며
섬은 그렇게 그리움의 넋 매일 팽팽한 저 바다를 향해
문을 연다
이제 그만, 떨쳐버리고 일어날
평화의 종소리가 바다 건너 닫힌 문을 두드리면
하늘도 감동할 그런 날 위하여
바다의 삶이 매운탕처럼 가혹할지라도
굶은 뱃가죽을 향해

두드려 보고 싶은 따스함이여
햇볕을 먹어 더 지독해진 눈총이어도
기어이 닿아야 할 우리이기에
하나님께 간절히 소청疏請의 우표 한 장 붙여보며
붉은 악몽이 깨어나지기를
물어뜯는 지도자 아니라
벼랑에서도 건져 올릴 새마을운동 함께할 선한 지도자
그 염원 가득
위령탑에 얹힌 한 줌 따스한 미소가 이제
평화의 내일이 오고 말, 분바위 금빛 기운 기어이
가까운 혈육으로 이어놓을
저기 저 가난에 찌든 낙원의 꿈이여

내일은 꼭, 저 겨울 가난한 밥상 위에도
화사한 봄꽃이 필 거라고 고사리손 흔들어 보는
소청掃淸 또 소청疏請해 보는 섬

* 구석구석 북한 사투리.

연평도 -햇볕을 쏘다

뇌관을 앞에 두고 희뿌연 해무 속 긴장은 격렬한데
요즘 세상에 무슨 간첩?
전쟁은 상상이라는 우김질 잠시

개머리반도는 선전포고도 없이 도발의 망나니답게
포질을 자랑처럼, 무슨 핑계처럼
섬은 잠시 광란에 미끄러지며 중력을 잃었다

무슨 괴성을 지르고 싶은가
한때의 평화도 지겨운지, 한 뼘의 고요도 어떻게 뭉갤지
언제나 붉은 신호등을 켠 채 비운처럼 자라버린 비만

햇볕우애를 독으로 골몰해, 품행은 아비보다 더 독해진
저 붉은 문자는 아무리 더듬어 봐도 평화의 질감은 없고
대를 이은 공포는 무엇이든 막다른 길

햇볕 따뜻이 감싸준 저 군화는 아무리 먹여도 붉게 차가운 독

단물 그리워 퍼붓는 포화, 어쩌면
우리가 베푼 자비로 되돌려 받는 치명적 쓴맛

이것은 효시의 진면목
아비가 숨겨둔 햇볕 속 슴베의 한 부분을 날려
맹렬히 꽂히는 중이다

햇볕은 따스해도 저 바다는 언제나 격랑을 품고 있어
내일은 또 어떤 창끝이 겨눠질지

자유의 보루, 해병 혼은
그날 그 소나무에 박힌 모표로 남아
길가에 멈춰선 영원이 모질도록
전우를 부르고 외치는 소리 온 하늘 가득

묵념은 희디흰 슬픔을 물고
초연의 바다 지킨 해병 혼 뭉클하게
〈

한 번 해병, 그 이름 홀로 영원히
그 전장의 맨 앞

전선의 하루가 뚫리지 않으려 젊은 피로 박음질한
저 휴전선 늙어가는 몇만 번째 비운인지

강화평화전망대 -개펄길

저 물고랑 같은 하구는 어찌할 바 모르게
인연의 끈, 뚝 끊겨버린 저 개펄길이다

강바람 바닷바람 서로 얼싸안아도
놓쳐버린 얼굴의 비애가 한 천년 떨어진 것처럼
애달픈 숨소리도 싸하게 멀어진 저 개펄길이다

마음 한 장이면 족할 지척에 두고 온 이
그때 좋았던 시간, 전망대 너머 지켜보지만
풍경은 지독한 태양 아래, 언어의 뼈도 삭아 내린 저 개펄길인지

핏기 마른 입들이 막강함에 눌려 머리카락만 보이는
붉은 체온계 서늘히 떡잎처럼 앙상하여
우리의 하루는 여기서 늘 허공에 손짓하는 검버섯처럼
오늘도 하루치 죽어가는 저 개펄길이여

소독되지 않는 상처 낫지 않듯이

내일에 약속해도 저 태양 아래 내일은 아무도 몰라
붉게 자란 수백만 볼트, 아득하기만 한 저 개펄 길

하루치, 석양이 다하도록 저 지상을 고요히 데우고 싶지만
서로의 심장 느낄 수 없어 애타 바스러지는 저
낙원의 고통 무겁게, 전망은 여전히 손길 멀어진 저 개펄
길이다

한강 비무장지대 -시 한 편 걸어놓으면

그리움도 하얗게 닿을 수 없는 저 먼 곳에
숯껑으로 쓴 시 한 편 걸어놓고 싶다
마음 에이는 강 온통 두견처럼 바장이는데
쓰라림 구구만리, 시 한 편도 저 끝에선 구구만리
인연의 끈 아득히 연결해도
뇌쇄 당할 수 없는 저 허공에 시 한 편 걸어놓으면
오가는 바람이 펄럭이며 얼마큼 끓여놓을까?
남북 이어 뻗은 두류산 고욤나무 가지마다
모진 풍상만 주렁주렁 맺힌 저 북풍한설 서러움 깊이
혈연의 아쉬움 못내 하구까지 맺혀 애끓지만
참척에 새겨진 잔가시 빳빳한 잔해가
더 흐를 눈물도 없을 그 눈동자 심연을 찌를
그리움의 시 한 편, 저 비무장 개펄에 펼쳐놓으면
강바람 끝없이 그리움을 지펴 올리는 기러기 울음 고이
북녘 저 어느 지점까지, 애끓는 단풍으로 불타오를지
저녁놀 목덜미까지 얼음 어는 소리 아득
손 닿을 수 없는 누이의 그리움만
도라산, 도라 돌아도 돌아갈 수 없는 저 길

만질 수 없는 곳에 서 있어, 이별의 손조차 무색해
꽃신에 묻은 땀내까지 향기로 변해 가는데
혈육의 정 닿을 수 없는 불가촉 병중 깊어
심장의 피, 언제 멎을지

끔찍한 날들이여
한 편의 시도 읽을 수 없는 저무는 노을 저만치
건너고 건너올 그리움의 소리 끊어진
저 못 부른 이름들이여

시 한 편도 읽을 수 없는 서러운 가슴아
칼바람에 베인 듯 서러워도
여기에 애끓는 시 한 편을 걸어 놓으련다

시라도 있어야 저 언 세상 눈물온도에 잠겨
운만큼 머지않아 풀릴 날 곧 일어날 것 같은
오! 그리운 그날이여

오두산통일전망대 -아픈 것아

고장 난 시계처럼 딱 잘라 말할 수 없는 통일이
전망대에 올라
이으려 애쓰는 곳에 멀찍이, 망가져있다
외치는 통일 전망은 언제나 아프게 고요하고
저 북쪽 누군가가 혹, 통일을
성가처럼 불렀을 때, 도마 위 비판, 어떻게 살아남을지
빗방울이 머물 수 있는 공중은 없듯이
저 붉은 허공엔 평화가 머물 공간은 없다
단절의 벽에서 공존을 모색하는 눈망울은 늙어 가는데
외골수, 얼마나 붉어있는지 화해는 불가촉천민
햇볕 담뿍 쏟아부어도 눈망울 애처롭게 닿을 수 없는
언제나 빗나간 화살 같은 전망은 미사일로 화답해
칼로 덧칠한 저 앵무의 꽃밭, 어떤 칼로 망할지
도미노처럼 스러져 가는 민심은 경계에 간들거려
선을 넘어온 이야기는 비로소 사람의 눈물 되어 흐르는데
접신한 우상은 제힘에 결박돼 어디든 막다른 길
공들여 입힌 세뇌도 탕진되어
붉은 손조차 하얗게 손사래 치는 침묵

무언가 쓸어버릴 것 같은 고요가 적막하게 정지된
저 미로
전망대 망원경 요지경 세상 집요하게
앵무의 울음만 앙상히 물고 있어
정확히 망해버린 낙원의 통곡이여
마음 한 조각도 나눌 수 없는,
찌르면 찔리는 대로 살아갈 수밖에 없는 모진 운명아
어쩌겠소, 괜찮아 견뎌봐 망해야 살아날 날, 있을 그날
이젠 소원도 지겨워진 기억 저편아
인민의 등에 억지로 올라앉은 고통의 무게 칼날 같아도
해동처럼 침묵도 풀리며 털어낼 날 있을 거야
너의 안간힘과 우리의 안간힘 다 모아
망배단에 올려놓으면 피어오를 함박웃음 언제일지
혁명을 너무 많이 고아 상해버린 세대가 왔으니
깊어지면, 바닥에서 탈출하게 될 통일

그때 우리 저
KTX 타고 환한 시간까지 퍼져나갈 완벽한 꿈

함께 감싸며
그날 그 전망은 병중이 깊어 한층 더
깊은 밤 밝아 올
오, 거룩한 새벽이여!

* 안희연 시집 『아침은 이곳을 정차하지 않고 지나갔다』 인용.

개성전투 -모르지 않는 얼굴이

혼비백산은 이럴 때 쓰는 용어였다
남침의 징후 까마득히, 무사안일도 전속력 달려
방어진지 하나 없이 무더기 휴가 외출 한 끗
공산당을 몰라도, 한겨레 망상 행여나 태평하게 몰라
꿈도 잠시, 백척간두에 내몰린 폭설 홀로, 어찌
남이 시켜준 해방이어도
역사의 올곧은 페이지 우리가 써야 하는데
하, 시작했으면 옹골차게 지켜야지
남이 그어준 선이지만, 자유 민주 거룩하게
빼앗긴 들`에 찾아온 봄, 우리가 꿈꿔오던 거 아니든가
온몸에 햇살을 받기`도 전 폭력에 굴복하려고
전선을 비워버린 우매는 옛사람 실수를 또
눈사람 같은 방어진지, 그것은 부끄러운 나의 나
목을 조르는 적화통일 화들짝
포탄 휘날린, 1950년 유월은
맨주먹 붉은 피로 무너지는 계절이었다
이런 군대로 북침을 주장하는 간첩이 들끓는 세상
평화통일 선동은 남침속도에 가속도만 더 할 뿐

우리끼리 선전은 붉은색, 색칠하기 너무 좋은 허구
결코 세상에 나오지 말아야 할 악몽이 생시로 변해
평화론 세상을 종이학처럼 흩어버리는, 쓰나미 한 판
붉은 세상이 언제 저리 컸는지
하나의 희망은 백지 위 그림일 뿐 피바람 참혹하게
잠시 꿈꿔보던 북녘은 산발한 야욕만 넓게 흩어져
폭력도 아름다울 수 있을까 싶은 어떤 관심도
한꺼번에 뭉개버린
저 붉은 혁명을 처절하게 알게 해준
그날 그
우리는 서로 모르지 않는 얼굴로
일제보다 더 끔찍한 악몽을 선물 받았다

* 이상화 시 차용.

장단역 -광란의 잔해

피칠갑 흔적의 결국, 폐역은 어느 암흑에 눌려
구멍 숭숭 화통엔 죽음의 온도조차 독이 오른 지옥의 하루였는지
씽씽에서 멈춤까지, 생을 마감한 철피의 눈물 애틋하게

반만년 피까지 구멍 내어
서리꽃 상처로 숨쉬기도 버거운
비무장지대 벌러덩, 전쟁 문신은 가시처럼 돌올하여
사람의 길 X

격렬과 비열이 스친 총구의 서늘함 아득히
찢긴 구멍 저렇게 한때의 격정은 죄가 많아
좌로 돌린 발걸음 잡아당겨도
죄지은 자 당당히 거꾸로 돌린 시곗바늘 얼마나 붉은지
함성조차 끝 모를 바닥을 가리켜

우리 사이 참 무서운 줄 모르게 멀어졌었지
〈

구멍은 꿰매야 따스해지는데
빗금 진 저 얼굴의 사늘한 온도여
오늘도 한 땀 꿰매면 멈춰버린 사람의 길 열릴 수 있을 텐데

길의 공식은 하늘에 있어
뱀의 허리에 묶으면 오히려 망치는 법

눈물로 꿰매야 할 저 구멍구멍들
묵묵 구만리, 언제 다시 복원될지
그날의 급박했던 발길 처절하게 전쟁은 그렇게
눈물로 담금질 되어
내려갈 만큼 내려간 수심, 이제 알 것 같은 그날

잡초는 애도처럼, 무성한 슬픔을 덮어쓴 채
뱀 허물 같은 정적 쓸쓸히 끝으로 빨려드는 저 시간

어쩌면 저리 무너져, 뼛속까지 아린 고요로

죽음의 축제, 돌이킬 수 없는 것만 명중되었는지

구겨진 오류만 켜켜이
지옥 저편의 암울처럼 지워지지 않는 참 끔찍한 그날이여

죽음의 다리 -저 영혼의 푸른 불꽃

남의 나라 전쟁터에 왜 죽으러 왔을까?
그 험한 세계대전 다 겪고 이제 겨우 발 뺄나 싶었는데

허기진 대륙에 못 박힐 것 같은 어린 숨결 간들거려

눈길 거둘 수 없는 저
신생의 팔 뻗어 보지도 못한 저
대륙의 불알로 달랑, 매달릴 것 같은 저
대륙의 두 곰탱이, 발등상 삼아버릴 것 같은 저

아침이 채 밝기도 전
삼키고 싶었던 목구멍들이
인육을 벗기던 그 섬뜩한 모의로
걸음마 얼굴에 붉은 가죽 덧씌우려 무얼 도모했을까?

물러서면 영영 어두워질 것 같은 작은 잎새의 눈물이 목에 걸려서
온 세상이 한뜻

펜 대신 또 총을 들게 만든, 붉은 구린 내 얼마나 아렸기에
태평양을 건너고 줄줄이 이어 뻗은 산맥을 넘어

연약하기 그지없는 그대에게로

무지개 색동 수천 년, 어쩌다 나락에 떨어져
햇볕 들자 투명한 새순 피워낼 겨를도 없이
피바다 물결 출렁대서
푸른 눈, 검은 피부들 따뜻이 십자가 떠메러 왔는데

언제 찔릴지 모를 옆구리 맞대며
낯선 땅 저승 문에 엎드려 해님 같은 꽃을 피워보는 인광은
붉게 덮인 얼굴의 서러움까지 움켜쥐고 악착같이
죽음의 다리 건널지 말지 그렇게 전쟁은
저승 나루터까지 갔다 오는데

누구는 야욕에 눈멀어 전쟁을 일으켰으나
오직, 그 손의 식은땀 희생은
죽음을 무릅쓴 부활의 총 겨누어도
가차 없는 총알이 언제 후벼 팔지

불길 속 이글대는 눈빛은 안위가 아닌 희생의 각오

남의 자유 기꺼이 지켜낼 저 고귀한 발

한번도 본 적 없는 무지개 색동을 위해
엎드려 핀 이국의 선한 꽃으로 까마득

왜 왔던가? 수없이 질문해도
겪어 봤기에 소중한 자유 위해

애타는 가족 뒤로하고 붉게 타는 불꽃 속
생각조차 할 수 없는 곳에서* 인페르노 가히
성호도 긋지 못하고 꽃이 진 여기

그렇게 지옥 같은 전쟁 몸서리쳐도
저 저 저들 때문에 그나마 물러간 어둠이여
총알이 스친 자국마다 초면의 죽음이 거룩하여

그나마 반쪽, 죽음의 다리 건넜던 그들 때문에
끄트머리 목숨 겨우, 피와 땀 살점들이 흥건하고 서야

이 작은 땅, 부활처럼 살아났다

* 김언희 「캐논 인페르노」 차용.

제3땅굴 -광토마 호흡

단검처럼 예리하게 옆구리 찌르는 허
땅 위의 길은 낡은 수법인 거 어찌 알고
땅속 파고드는 무례한 도발 가히
화염의 영, 비극을 칠하고 싶은 불안은 모질게 붉어서
우리 사이 선한 척 마름질해도 그 그늘은
심장을 뚫어오는 비수의 언어 깊숙이 새로운 맹수로 변해
고요한 한때를 광풍처럼 쪼개고 싶었던 거야
기척 없이 들어와도, 먼저 간 임들의 기도가 살아있어서
울어도 못할 죄악 덩어리, 한반도 모세혈관까지 뚫었으나
역갱도 단번에 수포로 돌려버린 철통방어가 끝장을 보려고
"거기 누구 없소" 소리쳐도
침묵이 가라앉는 물방울 소리뿐
얼음이 깨진 겨울 꼬리 감추려 아득히 사라진 근심의 동포여
몰래 더 깊어졌으면 서울이 또 뚫렸을 급소
트라우마 목록엔 그때 지은 죄들 줄줄이 기억하는데
신출귀몰 광토마 호흡까지 들켜버린 저 침략은 여전히 붉어서
마음을 다 주고 싶어도 저 어둔 갱도는

붉은 실 풀어내는 독거미 가혹한 침투, 붉은 혼들의 사기극인 양
　오로지 적화에 목매는 사막 같은 건조는 악마의 돋을새김 여전히
　그 유월의 살기로 매일 죽음의 융단을 몰래 깔고 싶었던 집요한 끈기
　피칠갑 쉴 새 없는 끔찍한 음모, 마침내 땅굴로 깊어져
　한 번도 다정해 본 적 없는 저 얼굴의 무정한 각도를 보며
　우리는 또 저 찌를 바늘로 평화를 기워야 하다니
　평화를 향한 인내는 반만년 역사보다 더 깊은 한이 서려서
　넓을 홍 끝없이 그저 웃지만
　안으로 키우는 절치부심은
　굳센 획을 긋는 치우의 첨단병기
　세상이 다 놀랄 일만 년 우리의 골격으로 부활했으니
　저 세상을 단번에 내리칠 수도 있을 것이나
　우리는 평화를 사랑하기에 저 얼굴이 늘 구겨져 있어도
　침략을 꾸욱 밟고 얼지 않을 세상 지켜내느라
　끓는 핏속, 하얀 새털구름 가만히

험한 것들 하나하나 홍익의 싹을 틔우려고
우린 또 숙명인 양 전쟁을 눌러 평화를 삭일지나
얼마나 더 참아야
저 붉은 꽃 다 떨어뜨려, 무궁화 한 송이 맺어보려고
지독한 쓴맛 감당키 어려워도
피워야 할 인내가 아직은 살아있어서
휴전선 저 깊은 구릉 위에서도 운명의 창문 열어둔 채
이뤄야 할 꿈을 헌법에 꼭꼭 새겨둔 거
저 염원 언제까지, 풀린 현을 잡아당기듯
생사가 오가는 여기는 아직도
소름이 등뼈 가득 저 깊은 곳까지 뻗어있다

대성동 자유마을 -칼끝 위의 하루

　전쟁이 갈라놓은 비무장지대 분단마을 하나, 유일무이 민가로 전쟁이 짜 놓은 무대 안에서 숨죽여 살고 있지만 통행금지 시간이면 풀벌레 합창이 긴장했던 하루를 녹여 뇌파 깊숙이 속절없는 간절함으로 위로해 주지만 선전방송 기계음은 아무것도 궁금할 것 없는 허위인데도 허위를 덧칠하는 빈 깡통처럼 얼마나 요란한지, 고향을 두고 떠날 수 없는 끄트머리 긴장 한가운데는 여전히 추억의 외로움만 끓이고 있어 눈을 들면 창으로 스며드는 달빛만이 벗인 양 분계선 저 너머 친구 같은 사촌들 고추친구들 그 얼굴의 아련함이 골마루 추억처럼 깊게 파고드나, 풍금바람 한 자락 스쳐 지나가면 싸락눈 같은 별들 아득히, 이름도 가물가물 다시 부를 수 없는 슬픔에 놀라, 늙어가는 방문을 획 열어보지만 긴장에 절인 하루가 또 숨을 죽이고 있어 저 허공에 말을 걸면 농번기 외엔 그림자조차 없는 허허벌판, 어쩌자고 반듯한 집 지어놓고 어디로 간 건지 삶을 덧댄 듯해도 마을은 적요한 냉기로 쌈을 싼 듯 18세기 허기 같은 통곡의 밥상만 차려놓고 서늘히 식어 있는 저 붉게 파인 상처 어쩌자고 고고도 솟아 뻗은 인공기 철탑만 언제나 폭설

주의보 꼿꼿하게 자존심 깃발 보란 듯 퍼렇게 눈부신 칠십 년 적설로 펄럭이고 있으니 저 세상은 세상의 끝처럼 아득하기만 하여 소식 끊어진 혈육의 스타카토 음절 하나하나 찾아볼 수 없는 빈집의 냉기가 더 서글픈 저 혈육들 때문에 뼈가 다 바스러질 듯 속울음 그치지 않는 불쌍한 고리처럼 잘린 동네 저 너머 굶주린 아궁이가 흔들리는 몸살로 뼈마디 잘게 부수고 있어 억만 개의 비운이 몸서리쳐지지만 그래도 여기 하루는 아무도 시비 걸 수 없는 분단이 떨어뜨린 평화마을 자유마을, 질긴 인연이 보관되어 조각난 동네를 나누어 베고 옛 온기 간 곳 없는 곳에서 그 온기 찾을세라 무례한 시간 저편 앞에서도 한 움큼, 오늘도 저마다의 기억을 놓지 못해 칼끝 같은 시계 위 하루로 핏줄기 한복판 실향의 서러움 안고 불가사의 가고 있다

판문점 -위험한 뚜껑

낡은 액자에 갇힌 고독이 칠십 년
눈 닿는 시선마다 온기 하나 없는 붉은 음계가
집요하게 긁어모은 비수 같은 눈빛만 서늘히
어디서 울릴지 모를 총소리 갈증이 피를 말리는 중
총이 없어도 항상 총구가 열려있는 긴장의 종말
여기 다 모여
표정 없는 눈동자 묘하게 한결같은 냉담은
죽은 영혼의 지루한 꿈처럼 협상을 취소하고 협상할 듯
같은 테이블에 앉으나 감정 색깔이 달라서
동상이몽 칼끝은 언제나 선한 기대 뭉개버릴
말놀이 담판 싸하게

가슴에 닿을 온기 피어나기 힘들어도
못다 부른 이름을 위해 저 위험한 뚜껑 위에서
한 발 접어보는 양보가 어떻게 간을 맞출지
벤치에 채워보는 온기 겨우
죄지은 자 당당히 딴전 부려도
막다른 온기까지 사라질까 봐

냉온의 두레박 길어 올려보는 저
무거운 긴장의 시계추, 어느 지점에서 흔들릴지
뒷모습 여전히
아래로 파고 있는 땅굴처럼
무슨 일 저지를 것 같은 앙상한 악수조차
공포로 장식하며
열쇠를 삼켜버린 협상이 어떤 꽃을 피울지
도무지 알 수 없는 저것은
불빛 하나 없는 어둠 깊숙이
꽃피기 힘든 곳에 어떤 잿더미를 만들지
불편한 필요가 부풀어 곧 터질 것 같은 폭력적 긴장은
아픈 상처 꾸욱 눌러 놓고
천사만사 붉은 깃발 신기루 속, 저
한여름 서릿발 같은 어둠 저편
눈앞에 있어도 소름 팽팽한 저 먼 곳의 한밤중

팔일팔도끼만행사건 -비열한 영광

저 북방 시계는 언제나 호시탐탐
곧 깨질 것 같은 휴전이 저 높은 가지에 맺혀
팔월 삼복에도 얼음 같은 사천 강 비애가 줄줄이
미루나무, 가지 자를 톱날 협상 위에도
붉은 눈빛은 비열하게 잠복했었지
다만, 눈 닿을 온기 바랄 뿐인데
평화 뒤 숨은 적막의 비대칭 어김없이
합의는 있어도 그만, 없어도 그만
시월의 낙엽처럼 서늘한 도끼날 몰래
아버지라 부르는 태양 앞에선 결속을 다짐하는
혁명의 총대 틀어잡는 영광이어서
명분은 만들면 통하는 아름다운 폭력이 웅크려
그 가슴에 영웅 이름 하나 매달아주면
소중한 목숨 몇쯤은 인간의 언어로 말할 수 없는
참혹을 쪼개어 일용해 버리는 비호가 오히려 용이한
동양 예의지국에서 감히 그린 인페르노 식량 삼듯
어버이 수령에 들어 바치는 야만이 오히려
영광으로 가득해지자

그 팔월의 태양은 주술처럼 싸하게 추워졌었지

전쟁 우위 그분, 큰 전쟁 하다 말고
황급히 달려온 분노가 이 작은 나라에 또다시
전투기 군함들, 화성과 수성 일렬로
먹구름 노도는 마땅히 정의로워
미군 철수 기대했던 계산 잘못 엮일까 봐
풀 버전 실행에도 가만히
평화 뒤에 숨어 희열을 끓이는 저 만행을 보라
붉은 사과 한 알 던져놓고는
들끓는 분노 위에 오류를 적중시킨 악마의 미소는
인간의 궤도마저 산산이, 흩어버려
아름다운 별은 또 떨어졌는데
필요하지 않은가요? 저 유령의 거주지 없앨 결기
우리는 당한 것보다 더 많은 걸 갚고 싶은데
평화 쇼 잠시, 곧 깨질 달걀처럼 뜨겁게 서늘하고 말
참담한 시위에 영혼까지 구겨질 듯해도
붉은 용, 식탁보 아랜 겨레의 절망만 깔아놓고

되돌릴 수 없는 죽음의 그림자가 과오의 부스러기처럼
우리의 평안한 잠 속에서 아름다운 꽃은 또 떨어지는데

저 낯선 꽃의 비애,
휴전선 지켜내는 몇만 번째 낙화인지

그것도 모르고 우리는 봄인 줄 알고
관 뚜껑 위에서 "우리의 소원" 부르다가 우두커니
평화란 어느 하루도 공으로 오는 것이 없어서
군대의 귀가는 언제 허물어질지 모를 위기가 항상
흔들리는 평균대 위에서 간들거리며 견뎌도
피 튀는 겨울 여전히 빙수 위 팥물처럼
자꾸 깊어지는 이 이념의 슬픈 강이여
뭘 먹었기에 저리 깊은 슬픔을 퍼 담으며
빈 밥그릇 허기 위에서도 끔찍한 얼굴 지우지 않는지

K 파르티잔

휴전은 함부로 폭발되지 않아요
너무 오래 긴장해서, 휴전인지도 모르게 평화로운 오늘이
어떤 미래로 슬플지

폭풍 친 그날을 다 누르지 못해 늙어가는 전사들이
전쟁잠복을 가벼이 놓쳐버리는 신세대 걱정에
다시 정신을 잃습니다

전쟁시대 수구꼴통 비하하면 전쟁이 없는 줄 알아요

전쟁을 우습게 보다가 어느 나라들은
자유 민주 인권 다 잃고 붉어졌어요

살아도 사는 게 아닌 나라 그 나라 붉은 나라
그들은 탈출을 꿈꿔요

선조의 핏방울이 서리서리 백골 되어 흩어졌기에
그나마 누리는 자유, 공기처럼 가치가 없나요

〈
입들마다, 동상이 덧니처럼 자라난 나라를 보셨나요
사람인지 요괴인지 심장마다 찬양의 덩굴이 휘감겨

협정을 맺어도 위반은 당연한 듯
동해로 서해로 땅굴까지 호시탐탐
우리 기억 밖에서 어떻게 붉어 당당히 도발해 오는지
우린 그저 고요히, 지켜만 보고 있지요

그러나
그 나라 붉은 경계 깨뜨린 그들만은 전사여서
어둔 시련 저 너머 궁극의 빛 매달아 풍선을 날려 보내요

라면이랑 쌀이랑 1달러가 무기라니
세상에 이런 무기가 어디 있나요
정체를 까발리는 진실 몇 줄이 핵보다 더 무섭다나요

풍선이 터지면 누군가 마음은 무말랭이처럼 쪼그라들겠

지만
  누군가는 잠시 행복해지며 마음이 열리는 기적

  그 때문에 비열한 정체 탄로 나면, 불쌍한 이들 살아날 수 있어
  전쟁보다 무서운 파르티잔, 이상한 나라의 전사

  "풍선을 날려, 터뜨립시다" 그들의 구호처럼
  붉은 덩굴의 단단한 저 고독한 벽
  얇은 풍선이 어떻게 무너뜨릴지

  여의도의 앵두들도 다 놀라버린 너무 가벼운 파르티잔
  더 멀리 더 깊숙이 날려 보내 터뜨릴 수 있다면

  그렇게 고요히 한겨레가 되어 질 영광
  그것이 영광인지도 모를 고요에 살지만

  까딱 잘못하면 피 흘려 지킨 밥상

안개처럼 사라져 버릴지도 모를 위기 정도는 알고 있나요

풍선 날리는 자선이 위험한 전투라니
앵두 썩는 냄새, 묵묵히 바라만 봐야 하다니

풍선아, 날아라, 낙하산 결기 가득 거기서 체포되어
돌아오지 말라

얇은 박막의 용맹정진 어처구니없게도
풍선 터지는 소리 왠지, 큰일 낼 것 같은

홍익민족 다 함께 희망찬 그날을 위해

불한당 수치가 수치스럽게 무너져버릴
동해물과 백두산이 화려할 희디흰 빛, 더디어
돼지비계 터질 듯 위태해지게

오늘과 내일, 여전히 멈출 수 없는 이 전장 한가운데

총 없이 싸워, 그 얼굴들 되찾을 수 있다면

휴전선 뒤엉킨 미로 몸서리쳐도 그 날이 올 때까지
저 낭떠러지 끝에서도 언제나 질 좋은 상상을 하며

저 전사의 손엔 무기 하나 없다

호로고루성 -추억은 유적처럼

임진강이 호로하瓠瀘河, 이름 듣고 나니
마음은 벌써 저 삼국시대 아련히 갑주 입고
전생과 후생의 사람 교우하는 호로고루 위
노을빛 불그스레 과거와 현재가 만나면
낭만이 깃드는 애잔한 사랑에 웃고
삼국이 격돌한 그때야 어디 적이랄 것 있었냐는 듯
노래도 사랑도 시로 읊으며
예의지국 한뜻, 땅만 갈린 형제
그 추억 목련화 정성스레 동여맨 낭만의 적들
이제는 그릴 수 없는 임진강 흩뿌린 핏방울들
꽃이 지는 아픔일지나 인육을 들어 바쳐
한 사람 우상 아래 두는 일 아니었기에
그때의 칼바람은 맨살의 눈부신 꽃잎처럼
민초의 삶, 꽃향기 살아있는 동색의 그리움 몽실몽실
어제 있었던 노을처럼 싸우다 섞이며 고요히 어울렸을
한 시대 피돌기 전쟁놀인
무궁화 피고 져도 무궁화인 채 같은 꿈을 꾸었을
아련한 그때는

붉은 군대의 다른 피로 싸운 아귀 전쟁은 아니었을
한 주렴, 그리움의 그날들이여

경순왕릉 -왕의 사랑

권좌를 내어주는 일 부끄럼만은 아니었다
억울해도 거기까지, 신의 뜻 순응하며
왕관을 내려놓자 수풀의 화풍은 슬픔을 지나
다시 맺힐 이슬방울 청명하게
고려 백성의 문을 열자
저절로 바뀌는 고구려 다물이 훌쩍 명맥 잇는 영광은
한민족 뜨거운 눈물의 회복
지나간 천 년을 몸속에 감춘 그 사랑 한없이
에밀레, 울려오는 종소리
형산강 멀리 임진강 낯선 물빛으로 들으며
당신 속 영영 깊은 심연은
거처를 떠나 국토 한가운데, 애써 누운
또 다른 천 년의 안위를 바랐을 그 마음 하얗게 빛나
아파야 사람이 되는 마의태자 금강산도
슬픔을 넘어 완성을 바라는 생채기가 삭정이처럼 아려도
뒹굴며 부딪치며 새로운 온기 만들어가는
그 희생의 영광은 비워서 빛나는데
슬프구나, 휴전선 저 너머

찢기고 구겨진 꽃들의 호흡 아무리 급박해도
홀로 포만의 숨 내쉬며 누르는 바위로 앉아
세상이 온통 붉어지도록 칠하고 싶은, 불만족 끝없이
인민의 혈관에 빨대 꽂은 붉은 낙원
그놈의 죄 온통 하늘이 짓눌러도 아닌 척
경순왕 눈물의 사랑은 몰라
이 죄를 어떻게 씻어야 하나
그날이 오기 전, 붉은 돼지머리 제단에 올려야 하는데
발악하는 만큼 어둠만 사나워져
단죄는 생각이 많아 하루해가 짧고
아직도 그 몸에 더운 피 흐른다는 게
이천오백만 개 비극인가 싶은 저 비곗덩어리
능조차, 언구럭 부린 피로 끔찍한 궁전
어디로 가든 막다른 길˚
불가촉 세상이 저리 높이 맺혀
유리관 좁은 이승에 소요하고 싶은 허망은
어디에도 머물 수 없는 죄악이 세상을 망쳐
부패를 고이 모셔놓은 썩은 탐욕의 인면수심은

하늘에도 오르지 못한 저주의 무게 끝도 없어
불덩이 콸콸 지옥의 탯줄에 감겨드는 저
잠시 쾌락으로 얻은 무간지옥
칠천만 개 염원을 뺏어 누린 붉은 색 끔찍함이야말로
불타는 삭신 들끓는 화마의 아가리 속인 듯
그 거처 참 봉인된 막다른 골목, 어디까지 내려갈지
희생 등불 하나 없이 버리고 간 껍데기
인간은 취소된 지 오래
생도 취소되어 실패한 혁명만 남았는데도
저 피눈물 궁전 속절없이, 성냥개비 불꽃인 줄 모르고
한 조각 영화에 희귀한 권력만 남겨놓고
그치지 않을 슬픔의 강 아득히
유리관에 누운 저 악몽의 바이러스 가히
신음 궁전 여태껏,
소름 돋는 붉은 상처가 고립 한가운데 누워
아직 한겨울, 저 녹지 않는 얼음잔치, 이 무슨 끔찍함인가

* 안희연 시집 『태풍의 눈』에서.

제1땅굴 -복잡한 통증

우리의 평안한 시간 속엔 젊은 희생의 피가 스며있다
잠들 수 없는 영롱한 눈빛은 옛 싸움의 붉은 피 회오리쳐
그때 참담했던 전우의 들끓었던 얼굴을 기억하기에
군화 끈 조이는 어제의 전쟁 아직,
강물처럼 휘감는 긴장의 교훈은 비명같이 선명해서
미래의 약속도 오늘의 복잡한 통증에 닿아
어둠의 징조는 어떤 먹구름 항적을 끌고 올지
수색의 통로, 이슬 헤치는 숨소리 고요해도
그 밤 끝까지 놓치지 않는 DMZ 수증기 발견은
우리의 평안한 새벽을 다치지 않게 한
가장 아름다운 밤
붉은 꽁지 얼마나 긴 겨울을 끌고 도망갔을까
명치끝에 걸린 아픔은 저 꼬리에 가득
정전협정 위반을 거기 숨겨도
젊은 피 당당하게 붉은 세상을 다 뭉개버릴 듯
침략의 목구멍 찢을 공동조사 앞에
머리통 깨질세라 필사적 퇴로의 휑한 터널 아득히
우릴 향해 펼쳐놓은 저항은 또 인골을 바치려고

안타까운 피는 호되게 산화되고
익혀야 할 전장의 교훈, 얼마나 뾰족한지

큰 전쟁 막으려 안타까운 꽃들은 자꾸 떨어지는데
상호불가침조약 체결은 붉은 개의 호시탐탐
물어뜯기 연습인 듯
딱 자를 수 없는 저 험한 아비로 인해
이 땅에 매달린 칠천만 개의 슬픔이 갱도에 깔려있어서
우린 또 뼈를 깎는 인고 속에 분노만 풍등처럼 달아오르고
이 슬픈 가슴의 들끓는 분노의 파름한 힘줄 어디까지
얼마나 많은 못이 박혀야
반만년, 손 닿을 수 없는 저 험한 곳에
우리를 갈라놓으신 그 손을 보내시어
최후의 만찬 처절하게 저들의 오역을 씻어내 주소서
이 슬픈 노래를 건너
우리의 황홀한 염원 마침내 지천으로 꽃피리라

2부

전쟁이, 하다만 소란들을 철조망에 빽빽이 걸어둬서
오랜 유골처럼 매달린 한들이 정지돼
폭포처럼 쏟아지는 폐허 같은 참상이 전시됐으나
망각의 무지가 그 전언들을 기억하지 못하고
불과 한 시대 비극인데도 벌써 등한시되는
전쟁 뉴스 수구꼴통은 어디서 꽃피운 독화술인지
공산당, 어느덧 우리의 평안한 휴식 깊숙이 들어와
문화로 선동하는 앵두의 열매가 탐스럽게
붉은 부채춤이 어느덧 양지바른 무대에 올라 환하게 열어가고 있는지
슬픔을 넘어, 새벽종을 울리던 그 허기,
한강의 기적도 무색하게
평화의 발을 멈추게 하는 오늘이
저 생을 물끄러미 바라만 볼 뿐
철조망에 스치는 무거운 바람 소리에 안부를 물어도
헤아릴 수 없는 그때의 표정,
다 읽을 수 없어서 어쩌나
변해버린 피의 감정이 어느새 들끓는 전선을 휘젓고 있어
자유를 지우는 붉은 밤의 칠흑이 어둠인지도 모르게
이 전선을 붉게 칠하고 있어서 어쩌나

중부전선 -그 후

평화의 한계선은 늘 여기서 괴로워지며
칠천만 개 아픈 옹이가 전선에 매달려 애끓는데
절정切情과 무정이 뒤엉켜
먹다가 목에 걸려버린 사과처럼
의심이 깊은 휴전 한가운데
잉크는 말라도
던져버릴 수 없는 무기여 안녕은 요원하고
목구멍에 걸려버린 사과 때문인지
저만큼 거리에서 광란하는
저 넘칠 듯한 붉은 가슴은 폐허가 다 되도록
언제까지 툰드라 냉기로 골똘할지
아찔하게 발광하는 서릿발 두려움은 예측이 불가능한데
누가 저 뒷목 툭 쳐버릴 수 없나요
아무도 건들 수 없는 고립의 한 중간
붉게 칠하려다가 목에 걸려버린
저 잠시가
그나마, 막다른 길의 평화인 듯
아직도, 필사적으로 슬프기만 한 이 한계선

빼앗고 싶은 저 구겨진 눈빛을 보면
잊어가던 그 여름밤도 다시 불러내
한 번 더 죽일 듯
혹한 냉기엔 어제의 전쟁보다 더 차가운 칼이 있어서
이 땅 한가운데가 이렇듯
수천 길 낭떠러지,
피로 울어대던 저 허공이 만공滿空 같은데
아직도 붉은 어둠을 걷어내지 못하고
눈앞에 막아선 산맥도 뛰어넘지 못하고
그 사이 칠십 년, 우리가 모르는 종족이 저렇게 태어나
자꾸만 슬퍼지는 이 한숨의 오늘이여

DMZ -저 푸른

달빛 서늘한 고요도 매일 풀밭에 누우니
단절놀이 공포도 저 멀리

불친절이 오히려 친절했는지
깊은 잠 신비하게도 해맑아진 비무장지대

죽어갈 듯 죽지 않는 분단 세월 아득히
누가 이길지 관망하는 반토막 일흔 해
그 사이 구멍이란 구멍은 다 꽃을 피워내고

DMZ 늙어가는 구렁이 마주하면
붉은 밀렵꾼에 잃어버린 아들들 애틋하여도
저 멀리 사슴 노루 흰 두루미까지

한숨 깊은 언어 무색하게 오색 고요에 도착해
내가 가지 못한 그곳에
애절한 맘 아는지 모르는지
푸른 숲 호접몽은

비목 비스듬 십이만 삼천여 혼들의 꿈 돌올하게
돌아가려다 가지 못한 영으로 기이한 꽃을 피운 여긴

진혼곡 불편한 긴장 끝에서도
서로의 몸 비틀며 써 내려간 침묵의 역사가 역사하여
총구 사이 그려 넣는 한 폭 애달픈 수채화 겹겹

말로 표현 못할 저 초록빛 언제
억새꽃보다 더 억세게 뿌리박은 평화가 푸르러서
형용사는 혹시 깨질 새라 생략해도 될

분단의 걸작, 분단이 발각해 낸 지켜야 할, 저 푸른
발길 끊겨 더 슬프지만 전쟁 동안거 오래
틈이 만들어 낸 원초적 원시가 애끓는 선을 넘어

수만 볼트 시선 앞에서도 슬그머니

부드러운 속살, 신비하게

초록이 지천, 파랗게 눈부신 그리움아

어떤 오류로 이렇듯 푸르르 고요히
영영 깨지 않을 것 같은 평화가 이리 넓게 사그락거리는지

잠시 잠재웠을 뿐인데
서로 멀어졌던 고뇌가 오히려
한자리 놀고 싶은 신비한 빛으로 아늑하게
푸른 풀밭, 천공에 닿을 듯 저리 푸르르 지천일까

철원평야 -그 유월을 건너

평야 한가운데, 분계선 그으니 달빛도 애처롭게
남북 갈라진 손금은 소름 돋아서
열곡 내부 이어 뻗는 등롱은
남녘에 물결쳐, '와'하며 쏟아지는 황금물결이다
한탄강 굽이굽이, 가풀막진 통증을 열면 얼음 같은 한,
자국마다 풀무질 소리 오롯이
열곡의 연약대 따라 아팠던 기억들 용암으로 채운
구름의 아랫목 따뜻이 파릇한 잎들의 느린 호흡은
비무장 잎새에 맺힌 서러운 이슬방울 하나하나
비목처럼 슬픈 통곡일지나
비옥한 풍화토 더 파래지려고
한탄을 평탄하게, 주상절리 단애 가득
전쟁이 스쳐간 전우의 눈물이 빗발처럼 고여있어도
어느덧 모르는 사이 "청정하다" 소문 때문에
널리 알려진 높은 가격 우연이 아니다
학저수지 가득한 물, 전열戰熱로 들끓었지만
평화의 담금질 기어이 새살로 돋아
분지 안으로 모은 온기 하나하나 여인의 향기처럼

푸르게 끌어안은 풍요가 분지 가득
전쟁 상처 어루만진 온도 때문인지
황금물결로 빛나는 들녘
아직도 미완성이나 누려도 좋을 휴전 한 가운데를
저 들녘이, 전쟁과 생을 버무려
고요한 달빛 향 따라 번지는 호접몽
전쟁인 듯 아닌 듯 나비처럼 가벼운 평화 살짝
삶의 어깨에 내려앉는 여유가
그 빗발친 슬픔도 까마득히, 짧은 지평선까지 포근하게
전쟁을 밟고 일어선 새순 같은 신생의 기운 솔솔
얼마나 향긋한지
눈부신 밥상의 오이처럼 푸르르 환하게 저리 싱그러울까

녹슨 철모 -저 안의 깊이

천국 가고 버려진 집이다
그러니까 어찌 이런, 지렁이도 살았겠고
지나가던 배암 잠시 숨 돌려 안식했을
비무장지대 작은 집 한 채
스쳐간 비운은 녹슬고, 다시 채운 식욕이 부활하여
경계가 비수 같아도 순하디순한 세입자 하나둘
이렇듯 내버려둬도 생동이 확장되어
봄날 한복판, 햇볕 한 줌 겨우 일지나
강아지풀 귀욤귀욤 더 통통해지려고
급박했던 시간 저 멀리 푸르르 고요히 누운 자드락
삼지구엽초 낙지다리 온갖 풀 이웃으로 사는 평화의 중턱
그때 철모를 뚫었던 고통의 흔적 언제인지
죽음의 빈틈도 햇볕 묵념 하염없이 쌓이면
저절로 얻어지는 평화론 들녘, 고통을 이겨낸 별빛 소복
저 시간 참 무심한 세월 어떻게
예전부터 그랬던 것처럼 환상통 넘어 새살 돋는 기운,
맑디맑아
붉은 비수도 속수무책 꺾여버린 풀잎 속삭임은

봄 햇살 따뜻이 눈부셔
이제 잠들어도 좋을 파릇한 종소리가 자장가처럼
산 층층이 쌓인 고요 탓일까
넓어지는 저 안의 깊이…
비운의 긴장을 다 삭히고도 남아
밤이면 저 하늘 가득 별빛 눈망울들 광활하게 쏟아진다

월정리역 -죄 많은 욕심이

　서울과 원산을 오가던 기차역, 곽제
　살기殺氣가 도착하니 전쟁은 온통 빨갛게 물들어
　철마는 벼락같은 마지막 이산離散의 획을 긋고
　붉은색 낯설게 요절 당한 몸통 어쩌자고
　머리는 야욕에 끌려가고, 척추마다 화염을 머금은 악몽이 덧칠돼
　분리된 포식의 잔해, 피의 감정도 다르게
　하세월 분단이 감당할 수 없는 속도로 산화되고 있다
　이산의 상처, 모르지 않을 무수한 아픔아
　가슴 어디쯤에서 늦도록 삭아 내리는 중인지
　마침내, 살코기 다 발려버린 웅크린 뼈대로 홀로
　인민군 자국만 썰물처럼 쓸고 간 흔적 고스란히
　붉은 허기 얼마나 요란했으면
　남은 핏줄기 하나 없이 녹물만 고이 흘러내려
　달리다 만 자리, 달리고 싶은 염원 언제 부활할지
　삭아 내리는 등 어루만져 봐도 붉은색 처절한 슬픔이
　모질게 끊고 지나간 통증 끔찍하게도
　얼룩진 흑암 저 멀리, 아무리 손짓해도

핏빛 가득했던 살기만 철로를 넘고 있어
저 깊이에 도무지 도달할 수 없는
무저갱 아득히, 봉쇄낙원 말문 막히는 일촉즉발은
붉은 오류에 숨이 끊어질 듯
기워지지 않는 그리움만 까맣게
그을린 탄흔처럼 냉담한 시곗바늘만 돌아가고
아직도 그 어둔 열기,
죄 많은 욕심이 철로를 악물고 있어
더 나아갈 수 없는, 꽉 막힌 길 온통 그을려
그때 피어났던 공포가 아직도
붉은 그림자로 줄줄이, 악몽처럼 녹아내리는 중이다

철의 삼각지 -거룩한 곳

 붉은 목마름에 소박한 고봉들 죄다 핏물 마르지 않는 불꽃 명성에 도달했다 불개미 수없이 몰려드는 그때 UN군 잠시, 낯선 이국지형에 외로이 캄캄했으나 기왕에 도움주기 위한 전장 아찔해도 저 고지는 점령해야 할 생명고지들 서울에서 원산으로 이어지는 삼팔선 상 교통의 요충지 이건 생명의 숨결이고 나무의 물관부 같은 핏줄기, 오뉴월 뜨건 바람이 저승사자 전령처럼 스쳐 지나가면 한바탕 또 한바탕 끝 모를 고지전 전황은 늘 급박해 참혹을 칠하는 숨통을 끊기 위해 흘려야 할 양들의 피는 늘 거룩하였으나 그들의 뼈가 부러질 때 누구의 잠은 혹 단잠이었을까 붉은 포탄이 탐욕의 넓이를 재며 그들의 구역을 정하려 할 때도 어느 카바레에서는 관능의 힙 흔들며 전사를 능멸했겠지만 거룩한 분노는 홀로 아름답게 하늘까지 닿아 포탄의 잔해가 머리에 떨어져도 꿋꿋이 지킨 고지전 수호 퍼런 정신 덕분에 대장장이 쇠망치는 화살촉도 날카롭게 철원과 김화를 이어 더운 피 흐르게 한 고난이 저 고지와 함께 제 몸이 다 금이 가도록 내가 아닌 듯 포연 속 희생양으로 사라져 간 그 얼굴들이 있어서 오늘의 얼굴들 위에 환하게 쏟아지는 풍성한 오늘이 있음은 전쟁 비애를 홀로 바느질 하고 사라져 간 그 청춘의 장엄한 희생 때문이다. 정의의 군복을 갈아입은 푸른 눈의 쓸쓸한 미소까지도 총알 박힌 꽃으로 사라져 간 저 흙속의 차가운 하안거는 지구조차 휘청거리게 한 통증이 명치에 걸려, 젊은 핏줄기 현絃의 비창悲愴도 찡하게 그 고지는 아직도 피를 말리는 중이지만 이만큼의 높이에서 팽팽히, 살아서 가질 수 없는 영광을 고이 저 고지에 묻어두고 있어 그 발자국도, 타오른 심장도, 영영 꺼지지 않아서 저 산등성이 키 큰 도라지꽃 변치 않는 사랑이 보라색별인 것도 고지가 먼저 이 치열한 전투를 미리 예감한, 나라 사랑에 바쳐진 증명인지도 모를… 고지마다 환하게 피어난 저 투혼의 불꽃 명성들, 그 귀중한 마음들이 애끓어 더욱 눈을 시리게 하는 전사의 피맺힌 한들은 뒷사람의 승리를 위해, 밀려오는 적군을 낯선 얼굴들과 손깍지 끼고 필사적으로 막아낸 저 활활 타는 열정이 내 얼굴 위로 쏟아지고 있어 오, 놀라워라 저 철의 삼각지, 그 속에 산화한 임들이여 어느 능선의 뼛가루로 날려갔을지 모를 죽음들이지만 반만년 순수의 역사를 지켜낸 그 최선들이 영영 그대로

남을 그 영광 결코 잊을 수 없는 그날 그 장엄함이야말로
길이 빛날 오, 거룩한 곳이여

백마고지 전투 -포탄이 표백제처럼

철원 서북방, 투지의 감정 꼭대기 해발 395미터
무명과 유명의 사이가 부산해진

어느 가을 쨍쨍한 날, 하늘은 파란 천국 어디쯤인데
못돼먹은 전운은 뭉개질 납 같은 시선 뚜렷이

얼마나 많은 못을 그 참혹에 박아야
이 작은 나라 붉게 칠해버릴지

황사바람 누렇게 덮어오는 공포가 일식을 하듯
연곡천 범람하는 피바다 밟고서야, 모를 심듯 맹렬하게

숨 돌릴 숨조차 묻어버린
현기증 높이만큼 폭음이 높아진 고지

가을밤은 그렇게 쑤욱, 문풍지 미친 듯 찢어지면서
뭉개질 듯 까무러친 소망이 이겼지만
〈

콜탈처럼 쩍쩍 달라붙는 그 하루
표백제 휘날려 덮듯 기막히게 깎여 누워버린 산용이야말로

타야 할 승리 간절해서 텅 빈 너의 넋으로 하얗게
악몽을 꾸듯 저 멀리 비명까지 폭삭

양털 소복 쌓였다가 흩어진 희생이 선명하게
하얗게 질려서 멈춰버린 온도

그 탄 자가 활을 가져* 마침내 이기고 이긴
그날 그 혈전 사투 장렬하게

벼락같은 속도와 사라진 체온이 뒤섞여
흥건히 젖은 눈물로 엿처럼 고았을 그날

끔찍하여라, 포연 자욱이 골골마다 멈춰있는 전사 저편아

때가 되면 나도 저 산화한 임들처럼

그 불 속, 활시위 팽팽하게 들어 받칠 오, 거룩한 그날이여

* 요한계시록에서.

고 김일용 이등중사, 편귀만 하사 유해 발굴 -군인의 귀환

그 해, 시월을 지탱하느라
곤죽이 되도록 마침표 없이 뛰어갔던 용맹은
단검 같은 등줄기 서늘하게
충청도와 전라도 나란히 찰랑거리는 폭음을 운명 삼아
얽힌 치열에 이름 부를 겨를도 없이
너는 나에게 나는 너에게
운명의 실 묶지 않아도 끓어오른 전쟁으로 묶여
거한 밥, 한 상 같이 먹어보지도 못한 채
그 하루 찰라, 참호에 빠뜨린 생이 허기의 뱃가죽처럼 꼭 붙어
흰 비행기는 저 멀리 하늘로 날아
두고 온 아이 재롱 들어보지도 못하고
"주여 짊어진 짐 너무 무겁습니다"
화살 같은 기도 한마디 올릴 겨를도 없이
짧은 삶 정직하게
사수하다 주저앉은 차가운 몸, 구부려 칠십 년이다.

죽어 흙이불 함께, 휴식도 함께

그렇게 존재했음을 소곤대듯
미처 다 쏘지 못한 총알엔 녹슨 명령어, 살아있는 듯
다른 영원 속에서도 하다만 전투에 얼마나 긴장했을까

쓰지 못한 만년필 끝엔 들국화 샛노란 그녀의 미소가
일용할 사랑으로 기다리고 있었건만
어쩌다, 민족의 비애 다 껴안고
호국의 영으로 저 하늘 먼저 상속받았는지

단란함이 깨진 당신이 없는 전후
가족의 슬픔이 명치끝에 걸렸을 발소리
부르지 않았는데도 가슴 쿡쿡 찌르며 소리치네요
이제 그 불편한 잠 비운에서 일어나
죽어도 말할 수 있는 존재의 영광으로 남으소서
우린 아직도 이 전쟁 끝내지 못해
낚시찌 보듯, 전장 깊숙이 헤매고 있지만
끓어오르는 이 한 낮 같은 전쟁 앞에서
그때 드리지 못한 기도 우리가 대신 올려드리며

아픔이 전하는 아득한 소리
대를 이은 전쟁 치레, 아직도 열병 중이지만
유효기간 없는 휴전도 우리가 대신 짊어져야겠기에
당신의 어깨 어디쯤에서 통일의 문 열 수 있을지
그리움은 마침표 없는 그 전화 속, 침묵의 넋으로
청년의 때를 흙속에 다 보낸 칠십 년 고희
백골로 돌아온 야광운 그 얼굴빛 얼마나 환한지
고지전 완성하려던 그날 그 이정표는
군인이 무엇인지 그 한 명령에 모든 뼈들 가지런히
벗어놓은 쉼
이제 겨우 잠시…
폭음이, 마침내 그냥 고요한 듯,
묵념도 고요한 듯, 이 평화의 착각 속

두고 간 아이들 어찌 자랐을지
저 먼 곳에서 부르는 탁란의 소리 애절하게
전쟁보다 더 뜨겁게 끓어오르고 있네요

화살머리고지 -너로 가득한 절정

반만년 끝끝내 침략의 군가만 불러대던
미개한 인해전술 그 밤은 차라리 비탄의 눈물이었다

빈 촛대 앞에서도 성호를 긋던 파랑 눈들 화들짝
총알보다 더 많은 죽음의 쓰레기 밀어대서

사람으로, 이 세상을 어찌 말할 건가?
좀비처럼 밀려오는 저 미친

침략의 깃발은 더럽게 붉어서 아무리 찢어도 익숙하지 않아
 슬픈 배후를 깨뜨리려 저 멀리 험한 바다 건너서 왔건만

총알보다 더 많은, 가랑잎 지는 능선의 비명은
 붉은 소름이 터져 피의 계곡으로 흘러드는 아우성, 너무 끔찍하여

붉은색이 저리 헐벗었던가

질 때는 다 향긋한 꽃잎일 텐데

썩어가는 종기의 슬픔처럼 떠밀려오는 죽음 위에 죽음
이제 끝인가 하면 또 몰려오는 떼 종들

눈이 파래서 파란 꿈꾸며
낙화할지라도 푸른 꿈 잃지 않는 전우의 시체는

한바탕 피를 튀긴 후에야 향기론 싹을 틔웠건만
 그 부친 힘 앞에, 기어이 불타는 노을 앞당겨 누운 거룩
함이여

멀리서 온 손님을 죽음으로 대접해야 하는 미안한 고지
돌아가야 할 고국을 두고 여기 영영 잠자리 펴야 하다니

그대 그렇게 잠듦으로 그나마 이 작은 땅
반만년, 겨레의 흰 빛을 지킬 수 있었나니
백두산까지 갔다 온 그 일을 조용히 기억하며

언젠가 이루어야 할 말, 가슴 가득하지만

풀리지 않는 매듭은 슬퍼서, 우린 아직 분단 그대로
그때 이루지 못한 아쉬움이 터질 듯 혹독해도

사라*는 언제까지 아이를 낳을 수 있다는 거 믿은 것처럼
우리도 아직, 그 손 놓지 못해

그런 날 마냥 기다리자니 목이 조이며 마르네요

* 성경 속 인물 아브라함의 아내.

-화살머리고지 전투는 프랑스 대대병력과 중공군 사단병력이 벌인 전투로 프랑스군이 47명의 전사자를 냈고 중공군은 인해전술로 인해 수천 명의 전사자가 발생되었다.

아이스크림고지 -침묵의 넋

치열한 포성의 결국은 두루미가 점령했다
그날, 그만큼 전쟁 상처로 흘러내리는
향긋한 피, 더러운 피 뒤엉겨 섬뜩함이 오래
마음을 다 펴도 다 담지 못할 저 흘러내림의 느낌은
포연에 사라진 넋들과 어디로 갔을지 모를 꽃잎들
무정한 총성에 마지막 피의 잔을 삼켰을
감당 못 할 화염에 녹아내렸던 뼈들이 죽처럼 서늘히
얼마나 많은 뼈를 고았기에 안간힘들 다
이토록 처절히 미끄러지며 흘러내리는지
불 속에 뛰어든 체온들이 녹아서
이렇게 생생하게 보관된 혼백의 입말 가득한 고지

이젠 서로가 멀찍이
어쩔 수 없는 한나절 내어주자
말문 막힌 정적은 고요를 딛고 원시로 부활했는지
푸덕푸덕 날아오르는 뫼의 침묵이 하얀 날개에 앉는,
들녘에 방목된 원혼들
두 손 모아도 그날 상처는 흙더미처럼 척박하게

찾지 못한 전사들이 생동하듯
한 송이 국화처럼 하얗게 피어갈 즈음
두루미 우아한 몸 빌어 시간을 이어보는 비애
묵념조차 산산이 부서진 그 이름들 추모할 때
지상에 도착한 원혼들 검게 타들어간 흔적이 어느덧
탐조의 눈시울에 부시며
두루미 날개마다 푸르게 시리어 비상하는지
저 날개 끝까지 열리는 하얀 하늘엔
미쳐, 하지 못한 병사의 묻혀버린 질긴 끈이 안타까운지
휴전선 넘나드는 두루미 날개로 옷 입어보는
무명의
어느 흙속의 넋들이여
이명처럼 아득히 어디에선가 다시 만날…
이승의 시름을 털어내고, 저 하늘 주춧돌에 앉아있을
그 축축한 마음들이
내게 와 거울의 김처럼 색칠되기에
삭망의 눈물 그렁그렁 어려 오는
그 처절했던 비명 같은 꽃들이여

어제는 가고 오늘은 이렇게 깊은 아픔이어서

우리는 늘
잊지 않고 저 희생의 문장을 새기며 기억하지만
아직도 흘러내리는 그 얼굴의 불시착을 다 담지 못해
동공에 맺힌 시린 아픔이
어느 겨울 성에 낀 창처럼 차갑고 적막하여
봉분 없는 무덤의 헛것처럼 슬슬하고

진혼곡 악보 사이를 걸어 산굽이 돌아온 무거운 발걸음처럼
잠시 멈춰보는데

핏방울 아직 칭칭 감기나
전쟁을 멈추니 여행객이 돌아와 다만 묵념을

하다만 전쟁의 푸른 소매를 어찌 위로할까
이 슬픔의 배경 속 저 멀쩡한 생의 찢겨버린 삶을 애도해도

산산이 부서져 흘러내리는 저 빼곡한 희생의 흉터가 깊어

찢긴 달빛만이 이 캄캄한 밤을 배회하며
저 밤하늘 별자리 하나하나에 넋들의 영광을 심고 있나니

뜨거워라 십자가 희생처럼,
너로 인하여 얻어진 부활의 이 평화로움이여

한탄강 -들끓는 기운

신생대 들끓던 불기운 쟁쟁하게
큰 여울 출렁이듯 고난도 많지만
명승지 꿈틀대는 역사의 배꼽은 늘 단단하여

통일대박 꿈꾸던 배경이 격전지만큼
대대로 이을 꿈 빼앗길 수 없다는 듯
눈부신 협곡, 천인단애 뜨겁게
한 덩이 한반도 중심의 눈부심을 읽어 내린다

백악기 층층 모으고 쌓인 것들 지긋이
모래톱 비옥한 철원평야 구릉들 하나하나 들녘에 빛나
한탄에 파인 흉터 다 지워내고 영험한 생의 활력 오롯이
붉은색 물들지 않고 푸르디푸른 평화를 일용하고 싶은

눈물로 보낸 그 전사의 혼은 언제나 북상 중이어서
들끓었던 열기는 결기로 팔팔하게 살아
아팠던 매듭 다 풀고 백두산 향수 진하게
분단의 말기 앞당겨 찬란할 그 봄날의 꽃가루 흩날릴

통일의 산도産道 깊숙이, 뜨거운 수액도 걸쭉하게
영롱한 빛깔로 흘려보내는
한반도 일만 굽이 돌고 돌아 백두산 흰빛을 연결하고 싶은

국토의 신비한 눈물로 산굽이 돌며, 저렇게 시리도록
통일의 잠 깨우려 굳은 암벽도 거뜬히 깎아서 매끈하게

겨레의 힘줄 같은 덩굴로 힘차게
이어 붙이듯 흘러가는 강이여

노동당사 -매운 연기처럼

김일성 항일운동은 죽은 등불 같은 거
온기 하나 없는 교활한 언어가 붉게 타면서
반일 선동구호 아홉 꼬리 마침내 동상으로 변해
어둠보다 더 캄캄한 칠흑을 선물처럼 세뇌하더니
허접한 사상을 지뢰처럼 깔아놓고서
반쪽 저 지상의 한낮을 붉은빛, 교묘하게
그토록 순한 양들을 붉은 늑대로 만들어
일제가 하던 수탈 그보다 더 잔인하게
깊고 깊은 한탄의 눈물 되새김하고도 남을
붉은 바람 참 끔찍하게도 가뭄의 검불처럼 거세었지

쫓겨난 자의 음산한 고요가
볕살까지 막아버린 허풍도 당당한 노동당사
권장해야 할 노동 의욕 줄줄이 짓밟고
저항하는 사상운동 죄다 고문하고 비틀고
죽음의 그늘, 그 흔적의 섬뜩함이
포화를 맞고서야 드러난 저 만행의 발톱을 보라
낙뢰를 맞은 듯 검게 타버린 폐허를 바라보니

우린 왜 이토록
저쪽 하늘이 하는 일에 가슴만 쳐야 하는지
마냥 어둠의 좌표만 찍다가
포악의 흔적 고스란히 분계선에 남겨놓은
붉은 투사의 강퍅한 소름이
벼락 맞은 가지처럼 떨어져 있는 저
찢긴 철조망보다 더 서늘한 암울이 고개를 떨궈도
적의敵意 품은 죄지은 공포가
참을 수 없는 분노의 주소를 말해주고 있는 듯
낡은 혁명보다 더 낡은 뼈대가
피에 젖은 서늘한 냉소조차 시름에 겨운 듯
불가촉 유령이 한반도 쓸어내리고 남겨놓은 저것은
섬뜩한 냉기 얼마나 깊은 상처로 남았는지
죽은 문패만 내걸려
따라가지 못한 붉은 그늘이 길게
매운 연기 피웠다가 사라진 흔적 너무 붉어
우린 결코 같은 문을 열 수 없을
저 붉은 색의 향연은 명치끝에 걸린 슬픈 피구름인 양

낙원이 떨어뜨린 집 한 채로 읽을 수 있는 저
끔찍한 재앙 한 채

태봉국 성터 -뚝 숨이 끊길 듯

그땐, 그 전장의 군웅들을 무너뜨린 영웅이었지
못다 한 쟁패 아직도
분단의 틈에 끼어 성터 하나 겨우
이거離居하지 못한 둥지처럼
끊어진 호흡 한 소절
하얗게 사라진 비운이 폐허로 남아
뚜껑 닫지 못한, 한 매듭이 천년
신발 한 짝 벗어놓고 떠나버린 애틋함만 오롯이
긴 긴 겨울 지나, 여기 나도 당신의 것이란 듯
너도개미자리꽃 만병초 하늘매발톱 백두산떡쑥 돌단풍
도깨비부채 당귀 고비 등, 무너진 성벽 돌들 사이사이
폐허로 사라진 그 나라, 겨우 명맥 잇는 희귀 꽃들처럼
승자가 지워버린 허공에 갇혀
무너진 꿈의 파편들만
금지된 대지 위 못다 이룬 미륵불 자처하던
민초를 구제하고픈 외눈 깊이
장좌불와, 국토 중심에 힘껏 뿌리박아놓고
금세 져버린 비운이여

〈
도가 지나쳐 도를 넘은 그때
하늘경經 하나 펼쳐놓은 그것이
깊고 깊은 무아의 세계인 양
수많은 야생초 물끄러미,
지상경地上經 촘촘 풀꽃 더미 제멋대로
조각난 꿈들만 아련히 지키고 있는지
그의 무아보다 더 고독한 무아가 뽑히지 않고
여기 갈라진 틈새 가만히, 길 잃은 그대로
오도 가도 못하는 나라여

휴전 한가운데 참 깊은 한이 맺혀
한 천년 눈물로 꽃피우면 혹, 미륵 하생

눈물광년, 저 머나먼 북녘도 어쩌면
한 겨레 딱 맞게 교화할 수 있을는지

제2땅굴 -사나운 길

남북공동성명이 무르익는 건 순한 양들뿐
무력행사 버리겠다는 약속은
애초에 지키지 않겠다는 가진 자의 무소유 같은 약속
백의민족 순수하게
하루치 평화에 우리 만남이 몇 마장 좁혀질 거라 혼자 취
해있는 사이
저 침략의 피, 어쩔 수 없는 개명명, 일 줄이야
선동의 태양 내리쬐는, 곧 죽을 목숨 저토록 몰래
배배 꼬인 내장처럼 땅굴 팔 줄 어찌 알았겠나
평화를 말하면 침략으로 답하는 붉은 속
땅굴보다 더 캄캄한 상투적 언어는 구만리 막무가내
저승의 구릉보다 더 깊은 저곳에 꽃 한번 피워보려 해도
겨레의 숭고한 뜻 단칼에 뚫어버리는 허
더 난폭한 길 개척하려고 그렇게 다정한 수다 떨더니
붉은 깃발을 땅 밑에서 흔들어댈 줄이야
아무리 손 뻗어도 닿지 않는 저 구만장창
우리는 하늘경 하나 당겨 놓고 있는데
어처구니, 땅 밑 뚫는 난폭한 질주의 날 세우는

저 지하경地下莖 미로, 급습의 창 열고 있는
침략의 붉은 죄 가히,
파괴로 뻗고 싶은 지상낙원 제어불능은
그 얼굴의 습성
언제 터질지 모를 음모가, 사납게 끓고 있는 용암의 섬뜩함으로 곧 터져버릴 듯
저 붉은 골짝 서늘하게도 한반도 무한 극지처럼
얼마나 더 참혹한 피에 젖고 싶은지
아득한 통증 한가운데 엎드려 몰아쉬는 저 다급한 숨을 보라
바벨탑 신상에 앉아 한반도 극한의 겨울을 붙잡고
무례한 길 아무리 꽉꽉 조여도 인간은 곧 추락할 온도
동상이 사라지면 사기극도 사라질 악마의 뒤통수 서늘히
저 돈두豚頭 풍향계는 상실에 대한 불안인 듯
땅굴에서 마감할 막장 같은 소리가 오늘을 적시는지
오다가 들켜버린 길, 저리 사나워
붉은 뼈마디 구석구석 무엇으로 길들어 있는지
개종당할 수 없는 저 파멸의 속수무책은 종말이 용이해

하늘이 꾹꾹 눌러대는 괴로운 짐 오늘도
악몽의 두려운 공포를 영영 벗어놓을 날 없어 어쩌나

지뢰 밭 -역설

통치가 물러난 자리, 연둣빛 숨소리 다소곳이
긴장이 팽팽해도 한 점 부끄럼 없는 지평

언제 터질지 모를 지뢰를 물고 있어도
온기 없는 대치 한가운데를 시린 초록이 점령해

사슴 노루 두루미 그렇게 일상처럼, 아늑히
고립을 넘어 태초의 푸른 전율을 그리는 한낮

수만 볼트 시선 위를 걷지만
전쟁보다 더 무거운 모진 세월도 가뿐히

우리네 사는 낙원 어딘지

금지구역 속속들이 펼쳐놓은 초록 만역이 거룩한 경전처럼
경계 없는 햇살로 환하게 넓은 풀빛이 해맑아서

순한 발들 기어이 몇만 개의 못을 다 빼놓은 듯

발끝에 닿는 감촉마다 찬연한 꿈들 스탠바이

푸른 언어로 사뿐히 더 넓은 초록을 구상하고 있어
터질 듯, 뜨거운 뇌관들 다 어디 숨죽어 있을까

승리전망대 -꽃씨를 뿌려요

산통 같은 기도의 끈 155마일 정중앙
언제 필 지 모를 빈 꽃대궁 부여잡고
끊어진 철길, 늙어가는 이별이 어딘가 아려
슬픈 다행이 발걸음 대신해 갔다 오는 금강산 가는 길
머물고 싶어도 빠르게 통과해야 하는 그리움아
기도의 잔뿌리만 눈물겹도록 철책에 매달려 있어
염원 속으로 몰입해 오는 아픈 무게가 얼마나 아린지
참 아득히 긴장했던 그 젊은 피들 다 어디 있을까
한 꽃 피우던 그 눈물로
금 간 이 땅에서 금 없는 예배를 드려볼 때

바람 같은 기도가 어느 깊이까지 뻗어갈 수 있을지
흑연 같은 저 낙원
닿고 싶지 않아도 닿아야 하는 절박이 수천만 개

관광차 수없이 왔다가는 무심한 일상도
사슴의 숨결처럼 길어진 목으로 그립게
그 또한 얼마나 애끓는 명치에 가 닿을지

전망대 두 팔 벌린 십자가엔 못이 많아
밤하늘 떠메고 가는 무게가 수직 벼랑만 같은데
신께서 주무시는지 감시의 눈총에 모든 것이 막혀
망원경에 보이는 붉은 전쟁 고스란히
가난의 굴레, 묵혀진 저 허위를 어이할거나

의문과 의문 속
저 너머 굶주린 목구멍들 저리 깊은 어둠 지키려 영문 모를 찬양을 삼키고
돈 먹는 하마 큰 입속엔
어리석은 지도자, 들어 받치는 예물로
빳빳한 우상만 저 홀로 절정에 올라 허공을 찌를 듯
슬프게 진보하는 일방통행 깊은 뿌리가 참 높이 맺혀도
우리는 저 무모에 무릎 꿇을 수 없어
정의롭게, 저 밤하늘과 대결하여 기어이 빛을 낼 일이다

대명천지 삼킨 등뼈로 땅굴에 앉아 무엇을 뒤집고 싶은지
음흉한 계산 빠르게 누군가의 애끓는 지점 더듬어

울음을 꺼내보는, 돈 먹는 하마

그 큰 입속에 들어 바치는 무모한 충성자금 어쩌자고
인민은 더 눈먼 하루로 간섭당하는데
맹물 같은 평화 쇼, 광란의 춤은 왜 춰야 하는가
마음 하나 일으킬 수 없는 땅굴보다 더 깊은 속셈은
아무리 봐도 피 뿌릴 생각밖에 없는 울음이 깊은 바다

평화무드 끓여놓고 변치 않는 체온 여전히
바라보는 망원경이 다 늙어 가는데
구렁이 능청스런 미혹은
피바다 공연 한바탕 마음 흔들곤, 땅굴로 이어지는
저놈의 시계 참, 셈할 수 없는 방향에만 돌아도
평화 쇼 언제까지 덩실댈 건가, 저 야바위 사기케

두 눈이 다 함께 빨개지려고
한 소절 완창 또 한 소절 완창하다가
붉어져 가는 어리석은 지도자, 복면 쇼 다 같이 차차차

정의도 없이 붉은 쇼밖에 없다면 버릴 수 없나요.
평화가 어느 미궁의 꼬리에 매달려 있을지 모른다면
그냥, 지켜만 봐요.
사마의가 알려줄지도 모를 높은 지략
그 의지의 승리

승리전망은 올곧은 기다림이 끈질겨야 이길 수 있는 거
(이제 말할 수 없나요, 거기서 뭘 했는지 복면 쇼 진실을)
전망은 늘 어두워서 간을 보기 힘들지만
손 놓을 수 없는… 저 인질들 때문에 피 튀길 수 없다면

까마득해도 그 전망 붙잡고 그냥 꽃씨를 뿌려요
걷잡을 수 없는 바람이 쇼보다 더 거세게
진실을 흔들어 깨우며 꽃피우지 않을까요

금강산철교 -애끊는 그리움

그리움이 사무쳐 목젖도 뜨거운 진통
작은 침목들 하나하나 침묵이 무거워
여긴 아직도 야윈 바람소리로 적막하다
언제 끝날지 모를 치열한 슬픔을 안고
그리움의 날개 펄럭여 보지만
끊어진 철길 저 언저리엔 적막에 찢긴 마음만 널려
쩍쩍 갈라진 틈 사이 흘러드는 건
한 평의 땅 더 지키려다 산화한 영령들의 피
그대 있었으매, 그나마 이만큼의 넓이로 평화롭게 했나니
그때 터진 포탄의 무게만큼 더 밟아보는 금강산 가는 길
총소리 낯붉힌 자리엔 덤불만 무성해서
그리움의 뼈들, 열매를 쪼개지 못해 앙상해지고
저기 저 너머엔 아직도 하다만 전쟁이 줄기차
빼앗긴 고지전 못 잊어 핵 고지에 먼저 올라
썩은 미소 저 태양의 비수는 평화의 노래 비웃고
땅굴 보행 깊숙이
생각은 뱀처럼 휘어져 직립을 포기한 지 오래
죽은 등불 주야장창 전쟁 망상에 매달려

땅이 서로 반반인데 인구는 절반
누가 어떻게 죽어 가는지
시들어가는 풀들의 비명이 탈출로 대답하는
가냘픈 숨결 애처롭게
부르튼 손 창백하게 철조망 뚫는 소리, 참혹한 그 눈빛들
붉은 못 털어내려 안간힘 비명이 천리 밖 울어 예서
모르지 않는 단절로 막혀있는 그리움아
고난의 행군에 단꿈마저 사라진
붉게 빨려드는 저 저, 무자비를 어찌할꼬
독한 침묵의 철로에 파랑새 풀고 또 풀어도
삼대가 여전히 붉은 채찍 단단히
다시 흘릴 핏방울 생각만 넘쳐흐르는데
열리지 않는 저 길 참 무엇 때문에
주구장창 그 아픈 어제처럼 아득하기만 한지
우리의 피는 애끓는 그리움의 깊은 바다여서
일평생 깨물 입술도 다 닳아
가슴을 열면 쏟아지는 짜디짠 소금덩어리
억만 개 결정체로 반들반들 오래 묵혀진 그리움아

저 추운 세상에 오들오들 떨고 있을지나
그 영혼의 불 간들거려도 언젠가 오고야 말 봄
그날이 올 때까지 따뜻이 지키어
짐 벗어놓을 수 없는 그 끝에서도
겨레의 체온 이어갈 그 얼굴의 희망만은
저 하늘 별처럼 결코 희미하지 말아다오

승일교 -잊을 수 없는

주검을 태워, 슬픈 자리에 꽃이라도 바칠
북진의 넋 고이 모셔
한탄강 남북을 잇는다

칠십 년 낡은 옷 벗지 못함은
혹여나 당신이 잊힐까 봐 미안해서
북두칠성 세워두고 당신의 염원을 기억하는데

휴전이 이토록 오래 무례히 적막하여
슬픔을 꺼내 봄처럼 손질해도 봄은 오지 않고
늦도록 냉동, 풀리지 않는 조각난 꿈이여

풀벌레 금세 한여름, 피눈물 울어 대도
쇠줄처럼 단단히, 붉은 혀 무궁한 저 세계
절대 착하게는 못 살겠다는 듯

피로 얼룩진 신음 공작소 지금도
그 머리통 온통 붉은 언어로 꽉 차

심장은 그렇게 불타버렸는지 길이 너무 멀다

북진하던 발걸음 소망 어디쯤에서
막막한 저 어둠과 싸우느라
별이 되었을 당신의 넋을 찾아보지만

뭇 영령들의 기도 위에
가지 못한 길 뚫어 보려 애쓴 흔적 아스라이
닿아야 할 통일은 숨 막히는 소원 어디쯤일지

북진 길 기어이, 먼 길 돼버린 임이여
그 이름 돌아오지 않아도, 절절한 저 한탄에 걸어두고

산굽이 물굽이 목젖도 뜨겁게
이루지 못한 그 소원, 그 모습, 어떠했을지

우린 늦도록
임의 비상하지 못한 그 황홀까지도

반짝이는 별에 걸어놓고

잘려버린 그 염원, 아득한 저 하늘까지
낡은 다리의 긴긴 기다림은 언제나 당신의 넋으로 남아 있어
속절없는 간절 언제까지도
여기 걸쳐놓고 쇠줄처럼 단단히 기억하리라

금강산 철길 -녹슨 그리움

길의 흔적은 슬픔보다 더 두껍게 창백해진 추억들
주소가 어딘지 두 팔 나란히 뻗어 멈춰버린
말문 막히는 무쇠덩어리 그만큼
떨어져 나간 고독이 당혹 칠십 년이다

그리움을 향해 달리던 증기의 헐떡임 언제였는지
철길 따라 깔렸던 일만 이천 봉, 까마득히
덫에 걸린 듯 멎어있어서
닿아야 할 미래가 언젤 지 묵묵부답만 아득한데
남대천 물줄기는 금지의 땅 가로질러 화답하듯 달려오고
물줄기 따라 거슬러 올라가는 철길, 이리도
만날 수 없는 염원이 짓눌려 얼마나 쓰라린지
고요 속에 저며 오는 한기는 정이월 밤보다 더 서늘하여
소원조차 일흔 개 칼날에 베인 듯 끝내 끊어진 통일이여
서로의 얼굴 희미하게 참으로 복잡해졌지만
지금은 저 침묵처럼 팽팽함이 좋을지도 모를 한계 어디쯤
벼 사이 피 뽑다가 가련한 알곡들 다치면 어쩌나 싶은
마냥 기다림의 평화, 애달픈 위독이 하세월 무너져도

〈
오성산 한눈에, 대성산 한눈에, 시선의 번뜩임이
그나마 지켜지는 이 고요의 평화
우린 참 오래 기다렸건만
철길은 인기척 저 멀리 흔적만 아득하고
방치된 기억 저편일지나, 아팠던 교감 하나쯤은
서로 물고 있어야
긴 대치에도 다시 만날 희망 어디쯤 길이 있을 것 같은데
그날을 잊지 못해 버팀목 금 간 자리마다 꼿꼿이 버텨도
애절함만 자욱이 깊어
붉게 끊어진 저 상처는 상처를 밟고
한반도 갈라진 틈에 누워
다시 만날 수 없는 길 아득히 무덤처럼 슬퍼지는지

고지를 오르는 비포장 길 까마득히
돌멩이 길 울퉁불퉁 험난한 남북정세처럼 요동쳐
상봉의 뜨거운 눈물은 그리움의 들끓음을 적셔주었지만
눈물 몇 방울에 저 하마의 입은 찢어질 듯

민초의 눈물을 바다 삼아 저 홀로 용궁만 지었는지

저 붉은 속을 보면
피비린 이정표가 다 칼을 쥐고 있어
화해를 말하면
붉은 획, 하얘질 수 없는 포식에
한반도 내장이 다 오랜 철책처럼 녹이 슬고

대성산 장승은 매양, 그 노구에도 의지 굳건히
분단 세월 구만리 결코 붉어질 수 없다는 듯
쓰린 상처 구만장천 너울 아니라도
거무튀튀한 철로, 어둠에 누워 무슨 꿈 꾸는지

절절한 만남 아득히
그리운 임아, 그 얼굴아
철길 따라 녹슬어 가는 세월 얼마나 창백한지

눈 감아 그려보는 한 권 시로도 채울 수 없는 그리움아

녹슨 철로처럼 이리 깊숙이 숨어
생이 다 가도록 오래, 아직 손닿지 않는가

구 철원 제일교회 -그 사랑 한없이

그토록 삼키고 싶었던 폭력도 결코 지워버릴 수 없는,
하늘바라기 뻗어있는 교회
그때의 풍경을 추억하는지
살점은 광기 속으로 사라지고 하늘 부시게 골조만 앙상히
부서진 기억들 하나하나 어느 별이 됐을까
혼백으로 가득 찬 찢긴 하늘 한 자락
천국의 길 배우러 왔다가
지상의 아비규환 먼저 보고 고난의 길 마다하지 않는
일제에 삼켜지고, 붉은 용에 삼켜져
아직도 배가 고픈 아귀의 쓴맛이 역류하듯
전쟁과 평화의 경계 부산했을 흐린 날
교회 종소리 땡-땡-, 노동당 붉은 노선에 거슬려
천국의 소리 뚝 떼어 어느 전쟁 물자에 녹였을 종소리
감히, 저 천국 길을 지상낙원 발판 삼으려다가
그토록 찬양하던 불바다에, 간이 다 서늘해졌겠다
하나님 허락도 없이 인민군 함부로 들락거려
감당 못 할 목숨들 폭장爆葬 당했는지
애꿎은 목숨들 무슨 죄

봄이면 진달래 고이 만발하여 톱니처럼 맴돌아도
그 피들 어떻게 말라갔는지, 그 슬픔 참기 힘든 오르막길일지나
누가 이토록
폭력을 못 박아도, 영혼 저 깊은 곳에서는
둥근 지구의 삶으로 묵념하는지
철원교회 "철원목요통일기도회" 뜨겁다
저 뜨거운 사랑은 밟아도 사랑
떼어간 종소리, 어떤 무기로 평화를 파괴했어도
그 은은한 소리는 어느 살갗을 보듬으며
어딘가에 처절한 신음을 위로하고 있을
그 한 사랑 한없이, 기도로 휘돌고 돌아
아무것도 미워하지 않는 그 어진,
마지막 한 생명의 회개도 기다리고 있을, 소망 하나
명치끝의 슬픔을 누르고
정체 모름에도 문질러줄 수 있는, 경계 없는 사랑 한없이
뼈만 앙상히 남아도 변치 않는 저 순한,
그것이 교회

언제나 그 자리 묵묵
은은한 소리로 하늘 문 열고 있어
투명한 저 얼굴 되기까지 잠들지 않는 새벽은
한 줌 햇볕으로도 온갖 꽃을 피워냈을 온기 한가득
골조는 앙상한 핏길에 젖어있으나
어쩐지 모를 너그러운 속삭임은 저 하늘에 닿을 듯
붉은 눈시울 어느덧
하늘의 별처럼 따스해지려고
지금도, 수천만 개 저 붉은 칼자국을 씻어내고 있다

평화의 댐 -텅 빈 안보

진실이 부풀려 "서울이 잠긴다" 과장해도
기울어진 저울이 항상
불편한 쪽을 지시하며 언제 넘쳐버릴지
나라의 안보가 늘 팽팽한 끝에 매달려
유비무환은 어느 한 곳, 모자랍보다 다소 넘침이 낫지 않을까 싶다
민초의 성금이 나라사랑에 바쳐진 건
앞서간 전우의 피 값보다 더 무거울 수 없어서
우리는 늘 침략당한 불안을 운명처럼 짊어지고 있기에
우매한 지도자 지도를 더 염려하며 살아왔지만
고질적 당쟁은 울음통보다 더 서글픈 무게로 견디는 것이라 해도
갈라진 틈 사이 오가는 기울어진 저울은
어느 창끝 같은 바람으로 세상을 흐리게 할지
이렇게 한심한 시절의 아침에 겨울비 같은 논쟁도 잠시
평화의 댐 역할은 훌륭했다
홍수와 물 폭탄 공격, 갑자기 있을 줄 어찌 알고
금강산댐 무단방류도 거뜬히

댐 붕괴 위험까지 견뎌낸 예지는
애초의 선견지명이었는지 알 수 없으나
개소리는 여전히 슬픈 무게로 기울어
안보도 기울 뻔한
이렇게 한심한 시절의 아침*은 어느 통점에 가 닿을지
평화가 이리도 시끄러운 안보에 얹혀
우리는 여전히
달 가듯이 기울어서 갈지나
무모한 손가락질 여전히, 저 댐은
늘 텅 빈 채 안보를 채워놓고 있어
어느 하루도 공하지 않는 날 없다

* 백무산 시 「겨울비」 인용.

비목 앞에서 -더 기우는 슬픔

피 흘리다 멈춘 살점이 돌무더기 쿨럭이며 말라갔을
고이 편할 수 없는 전장 한가운데
이루지 못한 젊은 통한이 바람처럼
누천년 이끼 낀 바위에 기댔을
피지 못한 꽃망울이여, 어쩌다 희생이어도
그대는 반만년 소중한 그 하루를 잘 지켜냈기에
찬란한 역사 고이, 꽃가루 그림을 그릴 수 있었나니
그대 피돌기 멈춰 살점이 녹은 그곳에
누군가 쌓은 돌들과 나무십자가, 파릇이
비목으로 기운 채 바람에 우는 물레소리 처절하게
사랑하던 이 눈물에 닿아 피처럼 흘러내렸을 속울음 번진
초연이 자욱했던 계곡은 그대 존재했음을 묵념하고
그대 피로 박음질 돼 그나마 평화를 누리는 오늘이지만
멀지도 않는 시간인데도 그 슬픔은 벌써 메말라가고
군복을 내려준 하늘은 알기에
짧은 존재의 죽음이어도 네 영혼은 살아
그리운 이들 한없이 이끼 낀 초록을 넘어
돌같이 단단한 심장도 이 깊은 산 에움길 돌아

한 줌 그대 앞에 서면
살여울 꺽꺽 눈물로 흘러갔을
다짐 다짐들
이제 다시, 전화戰火의 잔치는 없어야 한다
맨주먹 설마도 없어야 한다
강하지 않으면 무너지는 평화
어설픈 평화몸짓은 또 다른 비목의 가장 시린 아픔
그때 그 관절을 통과했던 선혈을 따라 누우면
돌무덤 이끼 고이, 삶은 짧은데
평화는 수많은 핏방울이 모여야 오고
슬픔이 반죽처럼 뭉쳐져야 비로소
물어뜯는 붉은 벼랑이 얼마나 끔찍한 꿈이었는지
쏠어내리는 가슴 어디쯤에서 자각할 수 있을까
비목은 평화의 어둔 뒷장을 넘기는 것
우리는 또 얼마나 많은 저 뒷장을 넘어
저들이 누리지 못한 평화를 우리가 대신
저렇게 비목을 건너와 누리고 있는 오늘인지
미안하구나,

시리도록 고마웁구나
뼈에 달라붙은 응고된 울음을 어떻게 위로할 수 있을는지
아직도 새벽은 열리지 않고
억만 톤 슬픈 눈물은 강을 이룰지나
그 뼈를 관통한 붉은 사상은 요염하게 붉어
아직도 이리 요란하여
그 전쟁보다 더 버거운 전쟁, 지금도 뜨거워
늦게 깨달은 젊은 피 비로소 금기를 깨뜨려
노인의 태극기 끌어안았다 하네요
이제 겨우 잠들 수 있는 그대 뼈마디 어디쯤
그 어떤 위로가 자라날 수 있을지
지독히 미안한 죽음이여
주소조차 없어서
평안히 잠들 수 없는 슬픈 잠 물끄러미
저 먼 옛이야기처럼 자꾸만 잊혀가는 오늘이어서
그때 그 피바람 쓸고 간 하늘을 바라보니
하늘에 일찍 얼굴 내민 그 비극
수천만 페이지 행으로도 다 담아낼 수 없지만

그 얼굴의 말간 희생은 천공만공에 닿을 듯
어쩔 수 없는 이 하루는 아직도 그때의 하루처럼
전운의 무게 땅을 다 누를 듯, 사나운 길목 아직 인지
당신은 가도 그 슬픔의 무게가 끝 간데없어서
비목에 고인 눈물은 애절하게 깊고
한 손에 꽃을 들어도 그 얼굴 뉘신지
그 이름의 얼굴 돌아오지 못해
더 기울어져 가는 비목이여

3부

그 높은 고지는 늘 추웠지
밤낮없이 설산을 오르듯 미끄러지며 뒹굴며
간신히 깃발을 꽂았는데
천둥 우레 빗발치는 소리 어떻게 버틸지
멈출 수 없는 증오가 얽혀 끝내 떨어지는 낭떠러지 껴안고
그 한 사랑 한없이 멈출 수 없는 곳에 그 얼굴 피로 씻었지
물러설 수 없는 끔찍한 사랑, 고지에 맺혀
끝내 고지에 묻혀버린 사랑아
아직 그렇게 있다는 거

동부전선 -고지전

전쟁은 원점으로 돌아와 치열한 고지전이다
먼저 올라야 후대를 기약할 수 있기에
능선을 타고 서로가 은밀히 저격하는
원수도 이런 원수가 없을 악착같은 사투의 종결
이념이 달라 합할 수 없는 물과 기름이 재앙처럼
어떤 예정론이 이토록 참혹한 피로 칠하게 했는지
역사 밖으로 던져버리고 싶은 어둠 저쪽아
반만년 그보다 더 먼 일만 년 역사에
이보다 더 다른 노선을 달려본 적 있는가
저 붉은 얼굴은 사람의 얼굴이 아니어서
지난 전쟁의 배낭에서 그 어떤 책을 꺼내봐도
저 같은 강철지옥은 없었으리라
하나의 몸에서 이런 두 얼굴이 나와
끝없이 갈라놓는 가증한 전쟁
베일에 싸인 지옥문 잠시 열렸다가
다시 닫히는 소리 너무 아파
저 원수의 머리도 상했으니
이제 얼마큼의 고요가 있을지 모르나

긴장을 늦출 수 없는 미래
전쟁은 늘 심장을 타고 올라 저 고지를 보고 있어서
우리의 삶을 태평에 내버려둘 수 없는
이 모진 운명의 안타까운 오늘이여

김일성고지 -근심의 꼭지

눈보라 휘날리던 그 체온, 어디까지 갔다 왔는지
연금술 세뇌 얼음 같은 비수를 가슴에 숨겨놓고

겨울 고지에 앉아 돌진을 채근하는, 해바라기 욕심 끔찍하게
홀로 거룩해 진 저 발화성은 어디서 온 걸까

붉은색 온통 낙원의 환상을 칠하자
바보처럼 몰려든 붉은 눈 사시斜視 늑대들, 소왕국 세워
삐뚤게 흥왕했던 그때는 눈보라 휘날리던 환상이었지

혁명의 홍수 한꺼번에 레닌주의 붉게 덮으려
일제를 밟고 일어선 붉은 양성소 예까지 몰려와
저 한 봉우리 세우려 몰아세운 남조선 해방 위선은

서리 같은 소복 한 자락이, 얼음이 깨져서야 겨우
그 한 놈 손끝에 잡힌 앵두를 자를 수 있었다
천둥 친 빙하가 저 심연에 소용돌이쳐

등 떠밀려 죽어간 전사의 피가 얼마나 얼어 맺혔는지

마침내 폭망의 모가지 관 뚜껑 위에 걸쳐
절박함도 애처롭게 나락의 괴음怪音 부여잡고
마지막 핵으로 사수하는 고지전, 악지바르나

낡은 혁명 저리 적막한 끈으로 길게
마침내, 봉건사회로 변질된 망나니 막춤
너무 오래 우려먹어 허물어지는 휴전선도 알겠다

새로운 아침을 위해
전상의 핏물 씻어낸 풀잎의 파릇한 생동이
내일은 맑음이라 전하는데

저 고지 홀로 초조하게 최후의 공허 움켜쥔 채
참혹한 숨결의 잔상殘像, 송곳 같은 통점 악착같이

골골마다 기어오르는 붉은 독백 허무하게도

낙원을 칠하려다가 슬픔을 칠하고만
칠천만 개의 큰 근심이여

붉은색 처절하게 저 높은 고지에 맺혀
시간은 멈춰있고 암울한 냄새는 부풀고
한 밤을 자고 나도 날은 새지 않고

저 암흑 속에서도 어찌 해바라기꽃은 만발해
집요한 눈빛의 중독, 영혼의 골 깊은 그늘로 아득한
저 고지, 불가사의 왜 저리 높은가

제4땅굴 -또 그렇게

X-ray 사진처럼 몸속의 질병이 질병을 탄주하듯
붉은 얼굴의 예상 밖 통증이 땅굴에 불거졌는데
예상외로 당하는 양들의 침묵은 상상력이 모자라
속절없이 순진하고
난해한 한 소식 접하면 심장은 또 어디쯤에서 툭 떨어뜨려야 할지
더 길어진 어둠의 보폭, 위대한 자의 걸작을 보면
얼마큼 붉어져야 저렇게 흙 벌레로 땅굴을 팔 수 있을까?
벌건 대낮 도발 안 되니 칠흑을 파야 하는 절박은
호흡이 긴박한 칠십 년 밀폐된 단칸방의 비애다

저 반쪽 욕망 아무리 뛰어도 양이 안 차는
피의 통증이 끓여대는 어둠의 광기를 보라
침략의 온도를 끓여 또 피칠갑 하고 싶은 어둠의 부조
마침내 세포조직까지 붉은 온도로 타올라
한반도 다 뚫을 듯 그 한 우상 짊어지고
땅 밑으로 밀어붙이는 섬뜩한 노선은 무슨 큐브인지
육이오 잔불의 통증, 깊숙이

저렇게 은밀히, 도발로 내몰린 생명의 소중도 짓눌려
죽음에 길들어 가는 비극은 언제나 인민의 몫
저러고도 육이오 전쟁, 북침 당했다 주장하며
거짓선전 판치는,
우리 사는 저 붉은 구조의 억지주장을 보라
피바다 철썩대는 숭배의 불, 어디까지 뻗어있는지
땅굴 따라 우리의 사고 속으로 파고드는 저 붉은 전선이
얼마나 더 소스라치게 할지
대명천지 살면서도 어느 흑암시대 망상으로 굳어
사람의 뇌까지 파고든 저 섬뜩함은
한반도 너머 멀리 오슬로 한림원까지 뚫었으니
붉은 감성의 곡괭이 마침내 노벨의 유언도 붉게 파
인류에 큰 해악 끼친 노선이 시상 받는 관통

땅굴은 막혀도 뇌굴은 거침없이 파고드는 하이브리드전
위태로워라
심장까지 뚫려오는데 몰라서 어쩌나
붉은색, 교묘히 문화를 쓰고 피의 파도 철썩대는데

지상낙원 허위가 언제부터 심장과 뇌에 두근거려
옹위하는 저 어둠 참,
우리의 사고, 어느 깊이까지 파고들었는지

선동에 빠져버린 한 여자여, 어쩌자고
뱀의 미혹 그렇게 또 달콤해지는 사이
"죄의 삯은 사망" 언도는 늘 노려보는데
침투는 자꾸 붉은 색으로 변해 측량하기도 힘들고
후각은 마비되어 붉은 개미 제멋대로 배 밑창을 갉아먹어서
내 사랑 자유마저 익사해 가고
수색대 탐지도 난해해 파랑주의보 무색하게
우린 저 땅굴 막는 것보다 더 버거운 오늘에 산다

단장의 능선 -아찔한 순정

모양은 달라도, 내 추운 눈 속으로 달려오는
아찔한 순정을 보았다
푸른 눈동자에 뜨고 지는 우리의 무게를
이렇듯 찢어지게 아파하는
그날 그 고지는 어쩌다
이국의 별들이 모여 낯선 등짝에 손자국 대신
별의 잔상 그대로, 굵은 핏자국 남기고 있어
핏물을 열어보면 자몽 향보다 더 너그러운 사랑이
살아서 무슨 영화를 보겠단 것도 없이
한목숨 담보 삼아 지켜주던 저 푸른 눈들, 검은 피부들
반만년, 이 역사 알기나 할까
어느 고지 후미진 구석에 어쩌다 지는 꽃이 되어도
아무 바람도 없이 가슴 찢어지는 고통 홀로 견디는
저 피 말리는 소리 소름 돋아도 고지에 밀착시켰던
공포의 깊은 밤은 또 얼마나, 지옥의 전선 격렬하게
포연 속 사라져 간 희생의 영, 푸르디푸른 불꽃인지
마지막 만곡부 제거하면 그 승리, 우리가 누릴 것인데
돌아오지 않는 전우의 짙은 결의를 넘어

믿음 없는 저 지옥의 불꽃 위 걸어온 당신은
고지의 밤하늘을 꽉 채우고도 남을 유리알 같은
별님들, 그 나라, 마음 저리는 그 얼굴들
멀어지면 아득한 뒷모습 언제나 별의 잔상인 채
우리는 다만, 형언할 수 없는 말로
그 이름 하나하나 눈동자에 뜨는 별에 걸어두고
어둔 세상이 더 밝아지도록 만국의 언어로 노래하고 싶은
이 흙속에 남아있을 너로 가득 찬 넋이여
망각의 새가 세월처럼 날아가 그날을 지우려 해도
지워지지 않는 그날 그 불후의 넋
별빛 하나 아련히 남기고 사라져 갔지만
꼬리연 따라 저리 낭랑한 별이 되어 빛이 나는지
포근한 그 열매 너무 많아
다함 없는 무한의 빛깔 그 공적 너무 벅차서
어느 영혼의 안마당에서 그대와 눈이라도 맞출 수 있다면
이승의 못다 한 꿈, 그 어떤 언어로 나눌 수 있을는지
하염없는 세월, 아무리 흘러
수억 광년 저 멀리 떠나간 별님이어도

그 빛나는 찬란함은 내 가슴을 밀어 올리고 있어
묵뫼 같은 무딘 마음 그 깊은 곳도 어느덧
하얗게 맑아지며
흰 화폭의 정물처럼
그 얼굴의 푸른 영혼들이 늘
영영 지지 않을 불꽃 속 푸른 내염처럼 살아있네요

도솔산 전투 -해병의 전설

피비린내 오르내리는 높은 봉우리 연이어
양구와 인제로 이어지는 도로는
기암절벽 험한 골짜기 방패 삼는 전술 요충지
한평생 보기 드문 저 극지는 최강 미군도 비상하지 못해
그대와 나의 거리 좁혀주는, 밀착하는 SOS
구원자가 하지 못한 구원의 손길 반갑게
죽음에 이르는, 깊은 계곡 얼마나 섬뜩했는지
한국 해병 이토록 아름다운 무적해병 탄생의 영광일 줄이야
제주 4.3사건 기억은 또 얼마나
붉은 밤하늘이었기에 그 얼굴 색 씻어내려고
공산주의자 아님을 증명하듯 해병대 입대 결기는
붉은 총성을 미리 겪어 봤기에
자유의 보폭 굳건히 위기의 전장을 꽉 채우고도 남을
제주방언 무전은 적이 알아들을 수 없는 모스부호,
공중제비 난해한 황홀이 단숨에 비상하듯
불가능에서 태어나, 아무도 가지 못한 길 거뜬히
김대식 대령 야음 공격, 기도 비닉은

귀신 잡는 해병, 암흑 더듬이 극한의 사바하
아프지 않고 오를 수 있는 진지는 없으니
전쟁 비수에 베일만큼 베인 해병투지 깡깡하게
난공불락이던 진지, 하나둘 도미노처럼 무너뜨린
여름 고지에 남긴 큰 발자국엔 전우애도 빛나
부르지 못했던 이름의 설움까지 한꺼번에
그 고독한 밤은 고지에 묻어둔 굳은 혀 닫혀있어도
우리에게로 달려오는, 오늘의 이 포근한 밤은
동백꽃 떨어질 때 피로 칠갑 된 은성무공훈장보다 더
깊은 긴장 한가운데를 부드러운 담요처럼 포근히 감싸
이토록 좋은 패 선보인 필사적 신념은
강철 피 뜨겁게 끓여, 적진을 뒤흔든 그 얼굴들 보라
어떻게 말할 건가
최강 전술가도 하지 못한 새로이 돋아난 해병 혼
무공훈장보다 더 값진 무적해병 영광은 장엄해서
전사戰史에 우뚝할 해병의 명예, 존재의 노선 확실히
자유를 지켜낸 저 피의 흔적은
투혼의 예술, 승전의 창조여서

그 이름 단번에
적진 어디라도 그 숨소리까지 불멸하리라

펀치볼 -바람 앞에 앉아

사이좋은 감자처럼 아담한 삶이 가득 담긴 그릇
볼을 채운 건, 순진무구 저리 하얀데
익기도 전, 볼에 넘쳐버린 유월의 거센 비, 화들짝
인민 해방은 무슨, 손 닿을 수 없는 까마귀 울음 거칠게
벼락처럼 맞닥뜨린 그 유월의 인면수심은
모르지 않는 얼굴이 어쩌면 인면거미 섬뜩한 모습의 악몽처럼
이질감만 더 깊어진 붉은 언행은 아무리 봐도 불가사의
백척간두, 볼을 채운 건 붉은 아귀 속도전에 밟혀
심장은 차가운 뱀, 혼돈의 길 꾸불꾸불 길을 잃고 있을 때
절박하게 부르는 기도가 천 길 폭포 끝에서 겨우
누군가 고라니 울음 같은 기도를 올렸을까?
머나먼 군대가
"폭풍"을 뭉개며 올라온 구원은 두 손 사이 십자가 꼭
벼랑 끝, 수천 번도 더 두드린 기도의 기적인가
그 유월은, 고개 숙인 해바라기처럼 부끄러워
공포가 풀려도 처음의 그 포근한 것은 여전히 없어
하늘이 녹아내린 듯 흘러내리는 진창이여

잠시 넋 놓고 깜박했을 뿐인데
포탄이 떨어진 자리마다 가난이 자라
폐허는 꽃이 될 수 없어 풀잎들 다 떠나갔는데
무슨 운명 그리도
전쟁 뒤 헐벗은 목숨 부지하려 모여든 가난들 때문에
인민군 쏘아올린 불발탄도 식량이 되는 묘기는
착지를 위한 신생의 풀들이 꽃이 되려고
필연으로 일군 옥토였다

솜이불 포근히 덮을 겨를도 없이
전쟁 뒤 또 다른 전쟁 치열하게
여기는 아직도 전쟁 중인 듯
폐허를 옥토로 일궜으나 사투의 노고를 등록하지 못한
못 가진 자의 서러움은 전쟁보다 더 서글퍼서
죽을 듯 일군 노고 다 빼앗긴 치명적 상실은 전쟁인지 꿈인지

그만 잊자 해도 잊을 걸 잊어야지

전쟁을 모르는 전후세대 말놀이 이념은 세대를 가르고
밥그릇 싸움 치열하게 그릇은 작아도
치열이 열렬하게 붉은색, 푸른색 아직도 헷갈려

어느 경계로 위태로울지
DMZ 불탄 흔적, 그리 깊숙이 데이고도
당겨진 현이 풀린 것처럼, 여긴
붉은 소금기 가시지 않은 듯
천진무구 작은 풍경 안에서 이리 흔들리고 있을까?
지금도

건봉사 -폐허도 수행인 듯

전장 한가운데 겨우, 불이문 하나
몇 번을 더 까무러쳐야 죽음도 오롯이 도에 이를지
쓸고 간 잿더미 툭툭 수심의 수심을 건너뛰며
발아하는 향기가 폐허 위
사라진 영화의 좁은 계곡
벙어리 치욕으로 붉은 어둠을 찔러보는 자비의 끝은
오로지, 이 한 문을 통하여 열어야 할지 닫아야 할지
문설주 가만히 귀 대어 보면
 생이 온통 전쟁인 번뇌의 세계, 아직도 끝나지 않은 전쟁, 여전히
 문은 열린 듯 닫힌 듯
 깨달음은 저 폐허 속, 붉은 열렬과 어떻게 내통하며 깨달아야 할지
 폐허를 걷어내고 반듯한 건물 새로 지어도
 갈라진 한가운데 깨진 점괘 끄집어낼 수 있을까

몇 번인가, 까무러쳤으니 전쟁 폐허도 도량인 듯
엎어진 김에 쉬어가는 장좌불와, 폐허에 힘껏 뿌리박고

금세 반세기 훌쩍
겨레의 근심 한가운데를 바라밀은 얼마큼
인욕忍辱을 안고 선정의 삼매 가득, 방편에 들 수 있을까
아직도 여긴 전쟁 사막을 헤매는 중인지
붉은 가시 뾰족이 낙뢰처럼 감전되어도
승병을 일으킨 호국도량 아직 살아있을 듯
베인 자국은 나만의 상처가 아닌 중생의 것이기도 하기에
나란히 엎드려 상처에 손을 대면
나라를 지키지 못한 죄 어떻게 씻어야 할지
불이문 하나 겨우

온데간데없는 영화로운 절터
토막 난 자국에 앉아 고독한 분단을 떠메고 무슨 수행하고 있을까

수동면 -찢어진 고향

고성군 수동면은 전쟁으로 사라진 고향이다
허리에 고요히
전쟁이 먹어버린 기억 저편에서
어리둥절한 절정이 잘린 향수를 달래도
스러진 희망은 내동댕이쳐진 망향인 채
그리움의 어느 구석을 헤매다가도
때때로 멈춰 서는 망부석, 고향은 그렇게
까맣게 탄 폐허 덩어리 하나하나 이름 불러 보고픈데
남강 따라 이어진 흑연리 신탄리 상원리 고미성리 사비리 신대리 외면리 내면리 덕산리 태봉리 정월리 초현리
생의 한 밤을 자고 나도 남강 원류 월비산 수림 울창하게
사라진 기억이 슬픈 모자를 쓴 채
구만리 마을 구만리보다 더 먼 먼 비무장지대
이제, 목덜미 주름마저 월비산 계곡처럼 깊어지는데
저 허리 동여맬 예상도 남북 팽팽한 이질감으로 깊어져
늙어가는 귀에 울어대는 이명도 슬프게
살붙이 맞대도 힘겨루기 비대칭만 뾰족이
붉은 얼굴의 비밀만 월비산 밀림처럼 울창하여

사라진 이름들 불러보면 저 한 가운데 부표처럼 펄럭이고
그때 그 순한, 양들 다 어디로 갔는지
인면수심 저 깊은 근심덩어리 무거운 짐만 어쩌자고
언제까지, 누구의 어깨 꾹꾹 눌러대는지
칠십 년 아픈 고향아, 그리움아, 텅 빈 가슴아

월비산 전투 -앞뒤 없는 전장

최후의 한 뼘이라도 더 통일 가까이 내통하려고
붉은 피 불끈, 목숨과 맞바꾼 피의 향이
등껍질 말라가듯 포탄 쏟아지는 능선에 달라붙어
통일을 놓고 어떤 나라를 만들 건지
나를 대신해 죽어간 젊은 피 끓는 울력에도
좁혀지지 않는 거리는 늘 고만큼
포화에 실신할 듯 전우의 아우성이 전선을 껴안고
빈 독에 쌀을 긁듯 바닥난 기운 다 긁어
올라도, 올라도 줄지 않던 고지 기어이
생명 이을 한 뼘 더
처절하게 불러보는 뭉클한 통일의 아찔한 맛, 있을 뻔했는데
 거룩한 임들이여, 그때는
 겨레의 흰 빛 껴안고 삼천만 개 희망으로 태동할 듯도 했으나
 어둠은 천 길 낭떠러지 잠복하고 있어 승전의 감동도 잠시
 예측할 수 없는 붉은 시간은 그 핏방울 어디로 튈지
 지리산 창궐한 후미는 무장공비 줄기차게

빨갱이 가득한 거기, 깜박 정신 줄 놓을 수 없는 탐욕의 가면 아득히
　밤마다 이 가는 소리 후방을 키질하고 있어
　뺏은 고지에 못 박을 겨를도 없이 공비토벌작전은
　앞뒤로 흔들어 대는 두 개의 전장
　이렇듯 꽉 찬 승리를 두고, 저 근심의 무리를 부수는 사이
　붉은 종자들, 뒤통수치는 명수답게 고지는 금세
　희망이 사라진 저 지상낙원 슬픔의 배후로 영글자
　가까이 가던 희망도 가물가물
　백병전 승전의 피도 허무하게
　좌익으로 뻗은 줄기찬 혼돈이 얼마나 요염했는지
　저 혓바닥에 감전될 때마다
　젊은 피 잘 익어도 희망이 될 수 없는 비애가
　월비산 고지 돛대처럼 뻗어있어, 깊은 어둠이 한 끗
　언제 터질지 모를 위태함은 꺼지지 않는 잔불로
　내일은
　더 가파른 싸움이 될지도 모를, 저 고지

철책선 -출가의 벽

여기는 대한민국 남자들이 출가하는 곳이다
시위를 떠난 불안이 달빛 명상처럼 냉철해지면서
지켜야 할 나라의 경계에 젊음을 묻고, 연애를 묻어
혹독한 가칠봉 눈보라 빳빳하게 청춘도 빳빳하게
긴장의 경經 어떤 통점에까지 가 닿을지
주임상사 얼굴쯤이면 예상과 예감이 깊어져
꿈속의 침투조차 고열로 견디며
세월보다 더 늙어가는 주름까지
철책에 면벽한 흔적, 젊은 피 한가운데 도드라져
하늘에 뜬 것 같은 저 OP 바라보면 생사의 경계가 늘 들 끓어
거긴 무덤의 전초기지
불안과 생의 결의를 뒤섞어 고지를 소독하지만
철책에 쌓이는 눈발도 때론 급성의 공포를 맛보게 해
침입한 적과 싸우다 전사한 이름들 하나하나
싸울아비로 굳게 버텨, 저 터질 것 같은 댐 막아내느라
벼랑까지 매달린 용맹은 거미줄 위에 선 요가행
눈앞에 있어도 좁혀지지 않는 거리엔

증오의 벽 층층 쌓였는지 비명에 사라진 무덤을 열면
고압에 감전된 고통이 수양버들처럼 늘어선 상처로
철책선 곳곳, 이름 하나 남기지 못한 무명용사의 유택
또 그 옆에 충혼비 위령비 순직비
세상에 더 없을, 이 많은 거룩함으로
철책에 붙어선 젊은 피 장승이었기에
눈보라 강풍보다 더 차가운 경계를 지켜내느라 청춘이 훌쩍 보름까지 도망갔지만
온몸 불사를 듯, 죽음이 따라오지 못하도록 십자가 지고 있는 저 눈빛들
꽃피는 한때가 긴장의 긴 침묵에 잠길지나
안녕의 열매, 전화에 휩쓸리지 않는 오늘이 있어서
저기 오늘은 늘 혹독하여도
균형의 묘기 유지하는 구원의 어제처럼
참 높은 저 고지의 혹독함은 예나 지금이나 늘 고귀하여
우리는 매일 안녕하고
철책 따라 잠시, 남자의 각오 빳빳하게
세상과 다른 숨을 쉬며 적의 가득한 그곳에

눈뜰 때마다 두려운 고독을 이겨내야 하는
슬프고 아름다운 저 의무
호흡 속에 거친 거품이 새어나와도
나라의 안녕에 젊은 귀 갖다 댄, 그 존재만으로도
대한민국 남자, 그 결기도 **빳빳한** 출가의 참 거룩함이다

고성통일전망대 -통일놀이

분단의 말뚝 천이백구십이 개 박고 나니
한숨이 자정을 지나 더 삐딱해지려고
통일을 질문하니 꽝꽝 언 비곗덩이, 비만 고도만 더 높아졌다

죽음의 행색이 줄을 선 거대한 빙하가
오고 있는 봄을 멈춰버려, 그 상처가 기흉처럼

뇌관의 공포 70년 세월을 움켜쥐고
접근금지 낯붉힌 세월 자욱이

불안이 투덜거리고 있어 달은 자꾸 야위어 가고
통점이 만월처럼 부풀어 오르면 혼백도 훠이훠이
DMZ 창공 높이 새매의 시선에 날아보는데

얼마나 치열한 싸움이었으면 저 혼백
자유의 땅 한없이 어루만지려
비문을 뛰쳐나온 알비노 시선 같은 처절함으로

사금파리 예리성, 지뢰밭 걷는 그늘만 더 길어져
아직도 모르는 비운의 전쟁
전쟁을 먹어 죽은 듯 고요만이 고요히 살기 가득한
조개의 입으로 '몰라'를 꽉 다문 오늘

저 너머 만지고픈 혈육, 살갗 에이어도
모르쇠 묵비권 씹어대는 특권은 핵 고지에 앉아
날마다 죄지을 궁리만 해도

세월이, 이 또한 기억을 지워주기에
모르쇠는 계속 죄를 찍어대고

한 세기 저물도록 겉도는 전망 더디지만
우리는 식물처럼 평화의 광합성을 먹으며
저 실패한 혁명, 지워버릴 궁리를 한다

와그작,
전쟁의 말뚝 뽑아버릴 운명의 그날 언젤 지

비가 내리는 저 멀리, 우리가 우리인 것도 저 멀리
반죽처럼 뒤엉킨 슬픔에 눈물은 마르지 않고

아무것도 단정 지을 수 없는 오늘은 늘 어두워
난해한 봉인이 아직도 풀리지 않아

마침내 망상이 영글어 아방가르드한 붉은 설계가 평화인 양
풀리지 않은 상자에 쏙 들어가 실체 없는 평화의 미소
반갑다 포옹해도

내일이면 또 얼마나 더 붉어지며 망상을 포장해 갈지

세탁기 아무리 돌려도 씻기지 않는 저 붉은 얼룩에
날쌔게 뛰어오른 우매한 지도자여

아무 진전 없는 망상놀이가 평화상을 관통해도
프레임으로 가둔 기하학은 붉게 얼룩져
〈

진실보다 허위가 더 빛나는 대화의 끝은
너 따로 나 따로
핵은 더 단단해져서 벼랑 끝 안위는 누구의 것일까?

낯선 통일놀이가 어쩌면 총성보다 더 무거워
오늘도 하루치 말뚝만 더 단단해져 가는 저 붉은 냉동고
통일 또한 다르지 않을 전망으로 아득히 먼 신기룬데

그럼에도 걸작을 봤다고 말하고 싶은 저
붉게 인 박힌 그늘이여

빨간 꽃자리 아무리 휘저어도 전망은 늘 붉게 끝나지만
이 슬픔의 죄를 넘고 있는 전망은

반만년 이 땅에서 멀고도 멀어
미루나무 베어놓고도 가야 할 길 깜깜하여

홀로 익어야 하는 이 풍성한 밥상

반만년 겨레의 백의처럼 하얗게 순정하지만
제자리 뱅뱅 도는 저 나락 앞에선

그저, 속절없이 무정한 잔 들이대서 목이 메네요

동해 -유구한 나라

바다는 망망하게 넓어 발 뻗기 좋은 장소
푸른 물 광활하게 해초 향 쏟아지는 억만년 터
바람 잘 날 없는 방향은 어떤 소금 간을 물고 있을지

백두산 이어 뻗은 순백이 하얀 내일을 기대하지만
저 대세가 어떻게 변화할지
박쥐처럼 거꾸로, 오뚝이처럼 똑바로 요동치는 바다

붉게 칠하고 싶은 박쥐, 세상을 뒤집으려
무르익는 봄을 돌려보내고 바다를 얼리고 싶은 겨울이
가면 깊숙이 더 선량한 척

방풍림 촘촘해도 어느덧, 바다는 붉게 뒤집혀 가는지

혼돈의 하수인들 문화로 울릉이자
풍문은 별의별 가짜뉴스가 동해물처럼 시리게 해
동해에 몸 담그자 사르르 녹는 청정 감 미혹 저절로
비곗덩이 어느덧 태양으로 솟는, 말문 막히는 저 붉은

〈
　슬픔이 없는 곳에 슬픔을 불러
　푸른 바다 휘휘 저어 붉은 바다 만드는 비명에도
　조용한 침묵이 용맹인 줄 아는 어떤 우매도 함께
　배 터지는 곳에서 배곯는 낙원을 토실하게 살찌우는
　붉어져 가는 바다여

　작은 물고기들 우루루, 모세의 기적처럼 좌우 벽으로 갈
라지고
　전쟁은 무기보다 편 가르기 세뇌로 변해
　피 말리는 하이브리드전
　일망무제 저 바다는 일렁일수록 더 붉어져 가고

　하늘 뜻 정의는 뒤로 밀리어 붉게 칠하는 비늘 깊숙이
　뒷거래 붉은 계약서는 언제나 어둡게 사나워
　빨려드는 호흡 죄다 붉어가는 바람, 저 외통수 어쩌자고

　혐오하던 동상이 간을 보는 심해는 더 붉어

따순 눈길조차 등짝을 보이는, 이 한 바다
어쩌다 한숨으로 소통하는 민족이 탄생돼 가는지

신이시여, 폐망으로 기우는 것들 돌려보내려고
신음 깊은 고래가 기우뚱, 이 한 바다 살리려 희생을 하자
무지 꿰뚫은 어린 수컷들 마침내 그 전파 수신하듯 깨어 났어요

붉은 바다 휘휘 저어 푸른 바다 되돌리려
계몽족이 탄생됐으나
심장 뛰는 저녁까지 노련한 것들보다 더 계몽을 붙잡고
지켜야 할 푸른빛 어떻게 지켜낼지

안보는 늘 팽팽하여
이 바다 향기, 어떤 정의로 칠하며, 궁리하며
요동치는 파고를 넘어
푸른 바다 아침을 온전히 맞이할 수 있을지
〈

바다는 늘 딱 자를 수 없는 오늘이 요동쳐
한반도 잘린 허리, 색깔의 끝자락을 밟으면
칼의 단면처럼 늘 서늘하나

백두산 이어 뻗은 흰빛, 우리 품에서 반만년 집요하게
이 바다 깊이 단단해서
붉게 구부려 요동쳐도 동해물과 백두산 일만 년 골격은
푸르디푸른 중심을 꽉 물고 있어

붉은 파고 제아무리, 캄캄한 저편처럼 요동쳐도
선명한 얼 하얗게
겨레의 핏줄은 깊은 곳에서 늘 뭉클하여

바다는 뒤집히지 않을 어느 한계선에서 여전히
참 아슬하게도 저 푸른 동해다

독도

먼 바다 아득히 고립된 듯, 그렇게 깊은 한 바다에 떠
파도소리 수수만년 질긴 끈 이토록
일렁이는 파도 따라 장자몽 속인지
우리가 있기 전부터 지키기 위해
홀로 먼저 나가 지킨 반도의 첨병
아무도 넘볼 수 없는 고래의 힘줄 칭칭 감고
바다 살점으로 동도를 이루고
서도를 불러 운명처럼 단단히
91개 군졸 섬 사슬처럼 꼬아 두른 듯
수호천사 여기저기
대한大韓이 올 때까지 대한봉 영유권 지킴이
숫돌바위 좌표는
역사 속에서
바닷속에서
해저 울릉분지 경계에서
해양평원 발판 삼아 솟아오른
두 개의 눈 우뚝, 대한봉이다 우산봉이다
이는 어느 안개 가득한 날 하나님이

심해 화산체로 바다의 빛나는 돌이 되게 했으니
누가 믿든 안 믿든 마음속 믿음의 방에서는
하늘에서 보낸 천사의 말인 것 같아
저 얼굴바위 한번 보아라, 우윳빛 같은 백의의 얼굴
이글거리는 눈빛과 마주하는 바다
억만년 우리를 지킨 성전의 기둥
험한 세계를 지독히 견뎌낸 인고의 세월 고스란히
독도 사철나무에 힘껏 뿌리박은 민족의 한恨 뒤엉켜
다만 저 조각들 만져보고자 끊임없이 이어지는 순례자들
말하지 않아도 마음으로 듣는 저 상징들
푸른 파도 넘실대는 결기는
삼형제굴바위 세 겹 줄 얼싸 안 듯 영유권 최첨단
거기 벼락같이 뻗고 싶은 영원이 있어
시작과 끝점이 매운 바람소리 가득해도
우리의 시선은 늘 여기를 향해, 결연한 자세 영영
광활한 동해를 다 껴안고도
불꽃 첨단처럼 푸르디푸르게 뜨겁다

■□ 해설

남과 북의 간절한 소망을 햇살에 담아서

문정영(시인)

　굴곡의 역사는 투쟁과 전쟁의 발걸음으로 걸어온 것이다. 지금도 지구촌 여기저기서 전쟁의 연기는 자욱하다. 특히 수많은 외침과 침략을 당한 우리의 5천 년 역사를 보면 그 사실이 증명된다. 지금의 우리나라는 그것을 이겨내고 현대의 문명국가를 이루어 내었고, 그 과정에서 수많은 희생과 고통이 따랐다. 하지만 지금 잘 산다고 '휴전선'을 잊어버려서는 안 된다. 그 아픔을 기억하고 다시는 그런 일이 일어나지 않도록 경각심을 심어주고 싶은 이들이 있다. 그 기록은 앞으로 수천 년이 지나도록 우리의 뇌리에 각인될 수 있을 것이며, 어떤 상황이 일어날 때 그 기억으로 다시 일어설 수 있을 것이다.

황영훈 시인의 첫 시집 『끝에서도 아득한 눈물광년의 국경』에서 나는 "다른 시인들의 시편에서 볼 수 없는 체험으로 가득하며, 그 작품들을 읽으면서 우리의 현실을 다시 돌아보기도 하고 우리의 과거와 미래까지 연결하여 들여다볼 수 있으며 현대문명에 익숙해진 우리는 그런 아픈 과거들을 다 지우고 사는 듯하며, 눈으로 보고 느껴서 얻어온 실체를 생생하게 쓴 것이라고 언급하였다. 이번 그의 두 번째 시집에는 그 연장선상에서 남북의 현실과 전쟁의 참혹성을 알려 남북 대치의 긴장성을 잃고 사는 우리에게 생생한 자극을 주는 시편들로 가득하다. 시 제목만 읽어도 현실감이 가득 묻어있다.

종전 75년이 지난 지금도 이산가족의 설움과 남과 북의 대치는 긴장 선상에 있다. 특히 남북을 갈라놓은 비무장지대는 지구상에서 유일한 갈림길이며 시인은 이 길 위에 평화의 글귀를 써놓고 싶은 마음이 붉게 타오른다. 아래 '시 한 편을 걸어놓으며'의 부재가 달린 시를 읽어보자. 이 시집 전체를 아우르고 싶은 시인의 심경이 가득하다.

> 그리움도 하얗게 닿을 수 없는 저 먼 곳에
> 숯껑으로 쓴 시 한 편 걸어놓고 싶다

마음 에이는 강 온통 두견처럼 바장이는데

쓰라림 구구만리, 시 한 편도 저 끝에선 구구만리

인연의 끈 아득히 연결해도

뇌쇄 당할 수 없는 저 허공에 시 한 편 걸어놓으면

오가는 바람이 펄럭이며 얼마큼 끓여놓을까?

남북 이어 뻗은 두류산 고욤나무 가지마다

모진 풍상만 주렁주렁 맺힌 저 북풍한설 서러움 깊이

혈연의 아쉬움 못내 하구까지 맺혀 애끓지만

참척에 새겨진 잔가시 빳빳한 잔해가

더 흐를 눈물도 없을 그 눈동자 심연을 찌를

그리움의 시 한 편, 저 비무장 개펄에 펼쳐놓으면

강바람 끝없이 그리움을 지펴 올리는 기러기 울음 고이

북녘 저 어느 지점까지, 애끓는 단풍으로 불타오를지

저녁놀 목덜미까지 얼음 어는 소리 아득

손 닿을 수 없는 누이의 그리움만

도라산, 도라 돌아도 돌아갈 수 없는 저 길

만질 수 없는 곳에 서 있어, 이별의 손조차 무색해

꽃신에 묻은 땀내까지 향기로 변해 가는데

혈육의 정 닿을 수 없는 불가촉 병증 깊어

심장의 피, 언제 멎을지

끔찍한 날들이여
한 편의 시도 읽을 수 없는 저무는 노을 저만치
건너고 건너올 그리움의 소리 끊어진
저 못 부른 이름들이여

시 한 편도 읽을 수 없는 서러운 가슴아
칼바람에 베인 듯 서러워도
여기에 애끓는 시 한 편을 걸어 놓으련다

시라도 있어야 저 언 세상 눈물온도에 잠겨
운만큼 머지않아 풀릴 날 곧 일어날 것 같은
오! 그리운 그날이여

- 「한강 비무장지대 -시 한 편 걸어놓으면」 전문

황영훈 시인의 「한강 비무장지대」을 읽어보면, 시인의 분단에 대한 마음가짐이 어떤지 드러난다. 서문에서 알 수 있듯이, 시인은 태어난 지 얼마 되지 않아 6·25전쟁을 겪었다. 시인은 오랜 세월이 흘렀음에도 왜 전쟁의 참상을 벗어나지 못하는지, 깊은 속내를 다 알 수는 없지만, 시인의 시편들을 통해서 조금은 짐작할 수는 있다.

시인은 "그리움도 하얗게 닿을 수 없는 저 먼 곳에/ 숯껑으로 쓴 시 한 편 걸어놓고 싶다"라는 구절을 통해, 그리움과 잃어버림의 자리에 '시'라는 기록의 방식으로 평화를 새기고자 하는 의지를 드러낸다. 그리하여 시인은 자신의 시를 통해 전쟁을 겪지 않은 후세들에게 평화의 소중함을 전하고 싶은 것이다. 특히 "그리움의 시 한 편, 저 비무장 개펄에 펼쳐놓으면"이라는 구절은, 분단의 아픔을 시로 알리고 스스로의 상처를 치유하고자 하는 시인의 열망을 상징적으로 보여준다. 실제로 시인의 시집에 등장하는 「백령도리」, 「강화평화전망대」, 「대성동 자유마을」 등 시의 제목만 읽어보아도 시인의 바람이 얼마나 절절한지 알 수 있다. 이렇듯 황영훈 시인의 시는 전쟁의 폐허 위에서도 희망과 남겨진 사람들의 갈망을 노래하는 언어로 가득하다.

> 평화의 한계선은 늘 여기서 괴로워지며
> 칠천만 개 아픈 옹이가 전선에 매달려 애끓는데
> 절정切情과 무정이 뒤엉켜
> 먹다가 목에 걸려버린 사과처럼

의심이 깊은 휴전 한가운데

잉크는 말라도

던져버릴 수 없는 무기여 안녕은 요원하고

중략

아직도, 필사적으로 슬프기만 한 이 한계선

빼앗고 싶은 저 구겨진 눈빛을 보면

잊어가던 그 여름밤도 다시 불러내

한 번 더 죽일 듯

혹한 냉기엔 어제의 전쟁보다 더 차가운 칼이 있어서

이 땅 한가운데가 이렇듯

수천 길 낭떠러지,

피로 울어대던 저 허공이 만공滿空 같은데

아직도 붉은 어둠을 걷어내지 못하고

눈앞에 막아선 산맥도 뛰어넘지 못하고

그 사이 칠십 년, 우리가 모르는 종족이 저렇게 태어나

자꾸만 슬퍼지는 이 한숨의 오늘이여

-「중부전선 -그 후」부분

황영훈 시인의 「중부전선」 역시 평화를 사랑하는 시인이 전쟁에 대한 참상을 시로 기록해낸 작품이다. 시인은 당시, 직접 전쟁을 체험할 나이는 아니었으나, 주변 사람들의 전언과 간접 체험을 통해 마치 전장을 직접 겪은 듯한 현실감을 보여준다. "아직도 붉은 어둠을 걷어내지 못하고/ 눈앞에 막아선 산맥도 뛰어넘지 못하고"라는 구절은, 분단의 아픈 현실이 녹아있어, 전쟁이 종식되지 못한 한국 사회의 현실이 무의식 속에 자리하고 있음을 알리고 있다.

시인은 여전히 전쟁의 상처를 기억하며, 이를 문학으로 보존하는 사명감을 더욱 체감하고 있는 듯하다. 「녹슨 철모」에서 시인은 녹슨 철모를 "천국 가고 버려진 집"이라고 표현함으로써, 전쟁의 상처와 마주한다. 오랜 주검 하나를 바라보면서, 다시는 이런 일이 반복되지 않기를 기원한다. 「고 김일용 이등중사, 편귀만 하사 유해 발굴」이라는 또 다른 작품에서 실존 인물의 용맹스러운 주검을 불러내어 기억하고 추모하기도 하였다.

시인의 전쟁에 관한 문학적 완성도는 다른 시와 견줄 수 없을 만큼 높고 깊다. 전쟁이 가져다주는 참상의 기록과 인간에 대한 연민과 사랑 사이를 오가며, 전쟁의 실상을 시적 진실로

일관성 있게 표현한 점도 주목할 만하다. 이러한 시편들은 단순한 묘사가 아니라, 한 민족의 집단적 상처에 대한 문학적 애도이자 '평화의 기록'으로 읽힌다.

>그토록 삼키고 싶었던 폭력도 결코 지워버릴 수 없는,
>하늘바라기 그대로 뻗어있는 교회
>그때의 풍경을 추억하는지
>살점은 광기 속으로 사라지고 하늘 부시게 골조만 앙상히
>부서진 기억들 하나하나 어느 별이 됐을까
>혼백으로 가득 찬 찢긴 하늘 한 자락
>천국의 길 배우러 왔다가
>지상의 아비규환 먼저 보고 고난의 길 마다하지 않는
>일제에 삼켜지고, 붉은 용에 삼켜져
>아직도 배가 고픈 아귀의 쓴맛이 역류하듯
>전쟁과 평화의 경계 부산했을
>교회 종소리 땡-땡-, 노동당 붉은 한계선에 딱 걸려
>천국의 소리 뚝 떼어 어느 전쟁 물자에 녹였을 종소리
>감히, 저 천국 길을 지상낙원 발판 삼으려다가
>그토록 찬양하던 불바다에, 간이 다 서늘해졌겠다
>하나님 허락도 없이 인민군 함부로 들락거려

감당 못 할 목숨들 폭장(爆葬) 당했는지

애꿎은 목숨들 무슨 죄

중략

은은한 소리로 하늘 문 열고 있어

투명한 저 얼굴 되기까지 잠들지 않는 새벽은

한 줌 햇볕으로도 온갖 꽃을 피워냈을 온기 한가득

골조는 앙상한 핏길에 젖어있으나

어쩐지 모를 너그러운 속삭임은 저 하늘에 닿을 듯

붉은 눈시울 어느덧

하늘의 별처럼 따스해지려고

지금도, 수천만 개 저 붉은 칼자국을 씻어내고 있다

-「구 철원 제일교회 -그 사랑 한없이」부분

    시인은 철원이라는 지명과 역사적 사실을 바탕으로 한 「구 철원 제일교회」를 통해, 기독교적 관점으로 전쟁의 부당함과 전장 속 이웃들의 고통을 호소한다. "떼어 간 종소리, 어떤 무기로 평화를 파괴했어도"라는 구절에서 시인은 파괴된 신앙 속에서도 여전히 살아있는 사랑과 용서의 정신을 증명한다. 전쟁은 예수의 집조차 무너뜨렸지만, 교회에 남은 잔향은 여전히 상처 입은 사람들을 위로한다.

그리하여 시인은 "아무것도 미워하지 않는 그 어진, 마지막 한 생명의 회개도 기다리고 있을, 소망 하나"를 품고 있다. 전쟁의 폐허 위에서도 사랑과 뉘우침의 가능성을 끝내 포기하지 않는 인간의 숭고한 정신을 이 시에서 읽을 수 있다.

상략

한 줌 그대 앞에 서면
살여울 꺽꺽 눈물로 흘러갔을
다짐 다짐들
이제 다시, 전화戰火의 잔치는 없어야 한다
맨주먹 설마도 없어야 한다
강하지 않으면 무너지는 평화
어설픈 평화몸짓은 또 다른 비목의 가장 시린 아픔
그때 그 관절을 통과했던 선혈을 따라 누우면
돌무덤 이끼 고이, 삶은 짧은데
평화는 수많은 핏방울이 모여야 오고

슬픔이 반죽처럼 뭉쳐져야 비로소

물어뜯는 붉은 벼랑이 얼마나 끔찍한 꿈이었는지

쓸어내리는 가슴 어디쯤에서 자각할 수 있을까

비목은 평화의 어둔 뒷장을 넘기는 것

우리는 또 얼마나 많은 저 뒷장을 넘어

저들이 누리지 못한 평화를 우리가 대신

저렇게 비목을 건너와 누리고 있는 오늘인지

미안하구나,

시리도록 고마웁구나

뼈에 달라붙은 응고된 울음을 어떻게 위로할 수 있을는지

아직도 새벽은 열리지 않고

억만 톤 슬픈 눈물은 강을 이룰지나

그 뼈를 관통한 붉은 사상은 요염하게 붉어

아직도 이리 요란하여

그 전쟁보다 더 버거운 전쟁, 지금도 뜨거워

늦게 깨달은 젊은 피 비로소 금기를 깨뜨려

노인의 태극기 끌어안았다 하네요

이제 겨우 잠들 수 있는 그대 뼈마디 어디쯤

그 어떤 위로가 자라날 수 있을지

지독히 미안한 죽음이여

주소조차 없어서

평안히 잠들 수 없는 슬픈 잠 물끄러미

저 먼 옛이야기처럼 자꾸만 잊혀가는 오늘이어서

그때 그 피바람 쓸고 간 하늘을 바라보니

하늘에 일찍 얼굴 내민 그 비극

수천만 페이지 행으로도 다 담아낼 수 없지만

그 얼굴의 말간 희생은 천공만공에 닿을 듯

어쩔 수 없는 이 하루는 아직도 그때의 하루처럼

전운의 무게 땅을 다 누를 듯, 사나운 길목 아직 인지

당신은 가도 그 슬픔의 무게가 끝 간데없어서

비목에 고인 눈물은 애절하게 깊고

한 손에 꽃을 들어도 그 얼굴 뉘신지

그 이름의 얼굴 돌아오지 못해

더 기울어져 가는 비목이여

   - 「비목 앞에서 -더 기우는 슬픔」 부분

「비목 앞에서」 시인은 다시 한번 다짐한다. "이제 다시, 전화戰 火의 잔치는 없어야 한다."고. 시인의 시는 한결같이 명확하게 전

쟁의 고통을 독자들에게 각인시켜 준다. 전쟁의 종식은 정치적인 문제가 아니라 인간의 존엄과 생명을 지키는 윤리적 문제임을 시에서 누누이 강조하고 있다. "평화는 수많은 핏방울이 모여야 오고/ 슬픔이 반죽처럼 뭉쳐져야 비로소/ 물어뜯는 붉은 벼랑이 얼마나 끔찍한 꿈이었는지"라는 구절에서 시인은 평화의 실체가 피와 눈물의 대가 위에 세워져 있음을 말하고 있다.

황영훈 시인의 시는 개인적인 슬픔을 넘어서 대중을 향한 애도와 전쟁에 대한 경각심을 담고 있다. 「단장의 능선」에서처럼 시인은 전장에서 죽어간 병사들의 얼굴을 "흰 화폭의 정물처럼" 불러내어 영원한 불꽃으로 기록한다. 시인의 시는 이렇듯 고통 속에서도 생명에 대한 소중함과 평화를 염원하고 있다. 시인의 작품은 전쟁의 부당함을 알리고 기록하는 중요한 문학적 사료로서의 가치를 지닌다.

> 전장 한가운데 겨우, 불이문 하나
> 몇 번을 더 까무러쳐야 죽음도 오롯이 도에 이를지
> 쓸고 간 잿더미 툭툭 수심의 수심을 건너뛰며
> 발아하는 향기가 폐허 위
> 사라진 영화의 좁은 계곡

벙어리 치욕으로 붉은 어둠을 찔러보는 자비의 끝은

오로지, 이 한 문을 통하여 열어야 할지 닫아야 할지

문설주 가만히 귀 대어 보면

생이 온통 전쟁인 번뇌의 세계, 아직도 끝나지 않은 전쟁, 여전히

문은 열린 듯 닫힌 듯

깨달음은 저 폐허 속, 붉은 열렬과 어떻게 내통하며 깨달아야
할지

폐허를 걷어내고 반듯한 건물 새로 지어도

갈라진 한가운데 깨진 점괘 끄집어낼 수 있을까

몇 번인가, 까무러쳤으니 전쟁 폐허도 도량인 듯

엎어진 김에 쉬어가는 장좌불와, 폐허에 힘껏 뿌리박고

금세 반세기 훌쩍

겨레의 근심 한가운데를 바라밀은 얼마큼

인욕忍辱을 안고 선정의 삼매 가득, 방편에 들 수 있을까

아직도 여긴 전쟁 사막을 헤매는 중인지

붉은 가시 뾰족이 낙뢰처럼 감전되어도

승병을 일으킨 호국도량 아직 살아있을 듯

베인 자국은 나만의 상처가 아닌 중생의 것이기도 하기에

나란히 엎드려 상처에 손을 대면

나라를 지키지 못한 죄 어떻게 씻어야 할지
불이문 하나 겨우

온데간데없는 영화로운 절터
토막 난 자국에 앉아 고독한 분단을 떠메고 무슨 수행하고 있을까

- 「건봉사 -폐허도 수행인 듯」 전문

　황영훈 시인이 「구 철원 제일교회」라는 시를 통해 기독교적 상징을 담아 전쟁의 참상을 알렸다면, 이번 「건봉사」에서는 불교적 사유로 전쟁을 성찰한다. "전장 한가운데 겨우, 불이문 하나/ 몇 번을 더 까무러쳐야 죽음도 오롯이 도에 이를지"라는 구절은 전쟁의 고통조차 수행의 한 과정으로 승화시키려는 불교적 통찰을 여실히 보여준다.

　"인욕(忍辱)을 안고 선정의 삼매 가득, 방편에 들 수 있을까"라는 물음은 전쟁의 상처를 치유하려는 내면적 수행을 기록한 시다. 폐허가 된 절을 바라보는 시인의 시선은 차분하고 숙연하다. 그것은 단순한 슬픔이 아니라 참혹한 역사를 지닌 채 긴 세월을 흘러온 자비와 깨달음의 언어로 읽힌다.

고성군 수동면은 전쟁으로 사라진 고향이다

허리에 고요히

전쟁이 먹어버린 기억 저편에서

어리둥절한 절정이 잘린 향수를 달래도

스러진 희망은 내동댕이쳐진 망향인 채

그리움의 어느 구석을 헤매다가도

때때로 멈춰 서는 망부석, 고향은 그렇게

까맣게 탄 폐허 덩어리 하나하나 이름 불러 보고픈데

남강 따라 이어진 흑연리 신탄리 상원리 고미성리 사비리 신대리 외면리

내면리 덕산리 태봉리 정월리 초현리

생의 한 밤을 자고 나도 남강 원류 월비산 수림 울창하게

사라진 기억이 슬픈 모자를 쓴 채

구만리 마을 구만리보다 더 먼 먼 비무장지대

이제, 목덜미 주름마저 월비산 계곡처럼 깊어지는데

저 허리 동여맬 예상도 남북 팽팽한 이질감으로 깊어져

늙어가는 귀에 울어대는 이명도 슬프게

살붙이 맞대도 힘겨루기 비대칭만 뾰족이

붉은 얼굴의 비밀만 월비산 밀림처럼 울창하여

사라진 이름들 불러보면 저 한 가운데 부표처럼 펄럭이고

그때 그 순한, 양들 다 어디로 갔는지

인면수심 저 깊은 근심덩어리 무거운 짐만 어쩌자고

언제까지, 누구의 어깨 꾹꾹 눌러대는지

칠십 년 아픈 고향아, 그리움아, 텅 빈 가슴아

-「수동면 -찢어진 고향」 전문

    시 「수동면」은 전쟁을 겪은 이들의 태생에서 비롯된 근원적인 상처와 그리움의 기록이다. 고성군 수동면은 실제로 전쟁으로 사라진 마을이면서 시인은 고향같이 느끼고 있다. 시인은 잃어버린 고향을 부르는 이름들을 "흑연리, 신탄리, 상원리, 고미성리…"라 나열하며, 마치 기억의 지도를 그리듯 그곳을 되살린다. 시인의 시는 그리움과 상실의 반복 속에서 고향을 잃은 실향민의 정체성을 복원하려는 눈물겨운 노력이다. "살붙이 맞대도 힘겨루기 비대칭만 뾰족이/ 붉은 얼굴의 비밀만 월비산"이라는 대목은 분단으로 인한 긴장을 잘 드러낸다.

    「수동면」이라는 시에 이르러서야 시인이 전쟁시를 써야 했던 근본적 이유가 선명하게 드러난다. 전쟁은 사람들의 고향을 빼앗았고, 시는 그 상실감을 되찾기 위한 몸부림의 도구였고 위로

의 매개체였다. 시인의 작품들은 한국 현대사에서 문학이 할 수 있는 가장 숭고하고 생생한 증언의 기록이라 할 수 있다. 그러하여 황영훈 시인의 시는 전쟁의 실상과 상실감 그리고 현실을 드러낸 독보적인 측면을 가지고 있다. 역사적 기록의 가치가 충분한 작품들로 가득하기 때문이다.

삶과 사랑의 생활시들이 주류를 이루는 시단에서 시인은 고독하게, 그러나 단호하게 "전쟁의 기억"을 붙잡고 있다. 시인의 고통스러운 발화는 단순한 과거의 회고가 아니라 현재와 미래를 향한 경고이자 우려이며, 다시는 전쟁이 없기를 바라는 따뜻한 마음이다. 시적 미화를 통하여 내면의 세계를 은유적으로 표출하지는 않았지만, 진실을 다루고자 하는 황영훈 시인의 시편들은 그저 지난한 역사를 펼치는 데 그치는 것이 아니다. 우리가 조금씩 잊어버리고 사는 현실을 우려하고 거기서 더 나아가 침략야욕을 버리지 않은 저쪽 나라에 대한 경계심을 지우지 말자는 각오가 들어있다. 아픔을 겪지 못한 젊은 세대들도 '오늘도 저 누더기 휴전선 깁다가 찔려버린 가슴의 핏방울을 보면 저려온다.'(서문)라는 글귀 앞에서 잠시 숙연해지기를 바란다.